업장을 녹여 소원이 성취되는

지장경 사경

지장보살은 성불을 포기한 보살이며,
부처 없는 시대의 구세주이며,
업을 소멸시키는 보살이며,
중생의 근기에 따라 몸을 나투시는 보살님입니다.

지장보살은 죄고(罪苦)에 빠진 모든 중생을 구원하기 전에는
자신의 성불을 미루겠다는 대원을 세우고,
천상에서 지옥에 이르는 육도(六道)의 중생을
낱낱이 교화시켜 성불하도록 인도하는
대자대비(大慈大悲)의 보살님입니다.

天鼓사경시리즈 - 5

업장을 녹여 소원이 성취되는

지장경 사경

石鼓 김현남 편역

하늘북

사경 기도를 하는 마음 자세

지장기도를 하는 방법에는 《지장경》을 처음부터 끝까지 1번 독송, 《지장경》 전체를 사경(寫經), '나무지장보살'을 천 번 염하는 것, 지장보살 명호를 사경하는 것, 〈지장보살예찬문〉을 외우며 158배를 하는 등 여러 가지 방법이 있다. 이러한 기도법 중에서 자신이 원하는 바와 시간을 고려하여 적절한 방법을 선택하면 좋을 것이다.

《지장경》을 사경할 때는 입으로 《지장경》을 읽으면서 사경을 하는 것이 좋다. 자세는 꼭 무릎 꿇고 앉지 않아도 되며, 반가부좌를 하는 것도 무난하다.

입으로 《지장경》을 읽되 너무 급하거나 느리게 하지 말고, 적당한 속도로 또렷하게 마음에 새기며 읽는 것이 좋다. 그렇다고 소리를 크게 내라는 것은 아니다. 환경에 따라 주위에 방해가 되지 않고 자신의 마음을 잘 모을 수 있는 크기로 염하면서 사경을 하면 된다.

이때 입으로는 《지장경》을 읽으면서, 손으로는 사경을 하며, 머리로는 지장보살의 모습을 떠올리는 것이 좋다. 지장보살님께서 높은 곳으로부터 '나'와 나의 주위에 자비광명을 비추어 주는 것을 관상하면서 사경을 하면 될 것이다.

만일 자식 · 부모 등 다른 사람을 위해 기도를 하는 경우라면 '나'가 아닌 그 당사자에게 지장보살의 자비광명이 임하는 듯이 관상하여야 한다. 지장보살의 가피가 그 당사자에게 직접 가면 바로 해결될 수 있는데, 가피가 '나'에게 왔다가 다시 그 당사자에게로 옮겨가도록 하면 그만큼 늦어질 뿐 아니라, 자칫 가피가 미치지 못하게 되기 때문이다.

그리고 사경을 할 때 마음속으로는 오로지 업장 참회를 기원하여야 한다. 자신이 지은 모든 죄업을 참회하면서 사경을 하는 것이다.

"지장보살님, 잘못했습니다. 모든 잘못을 참회하고 참회 합니다 …."

이처럼 입으로는 《지장경》을 읽고, 머리로 지장보살님의 자비광명이 임하는 모습을 그리고, 마음속으로 진심어린 참회를 하면서 사경을 하게 되면 모든 죄업들이 사라지고 행복이 충만하게 될 것이다.

또한 사경이 끝나고서 반드시 회향하고 축원하는 것을 잊어서는 안 된다.

지장보살님의 위신력과 자비광명이 이 법계에 가득 차 있으며, 우리가 함께 하고자 할 때 지장보살님은 언제나 우리와 함께 한다는 것이다. 더 분명히 이야기하면, 지장보살님은 우리 속에 이미 존재하고 있다는 것이다.

이것을 분명히 알고 지장보살을 염하고 사경을 할 때, 우리는 지장보살의 분신이 되고 지장보살과 같은 큰 힘을 지닐 수 있게 된다. 어찌 고통 극복이나 조그마한 소원성취로 그치랴!

정녕 '나' 속의 지장보살님은 자비와 지혜와 행복의 원천이니, 정성을 다해 지장보살을 사경하여 '나' 속의 지장보살을 발현시켜 보라. 틀림없이 우리 속에 감추어져 있던 불성(佛性)을 깨쳐서 대해탈(大解脫)의 삶을 누리게 될 것이다.

《지장경》 사경하는 모든 분들의 소원이 성취되기를 간절하게 기원하면서

2010년 2월 봄을 기다리며

石鼓 **김현남** 씀

목 차

한글 지장경

한문지장경

축 원 문

기도하는 장소를 깨끗하게 하고 몸가짐을 바르게 한 후에,
먼저 삼배를 올리고 사경책을 펼친 다음 축원부터 세 번한다.

이 사경을 하는 공덕을
선망조상님과 유주무주 영가의 천도,
그리고 일체중생의 행복을 위해 바칩니다.
대원본존 지장보살님이시여,
가피를 내리시어
이 죄업중생의 업장을 소멸하여 주시옵고,
________________를 꼭 성취되게 하옵소서.

※ 각자의 원에 맞게 적당한 축원문을 만들어 발원을 하면 된다.

이 사경을 하는 공덕을

선망조상님과 유주무주 영가의 천도,

그리고 일체중생의 행복을 위해 바칩니다.

대원본존 지장보살님이시여,

가피를 내리시어

이 죄업중생의 업장을 소멸하여 주시옵고,

__________________를 꼭 성취되게 하옵소서.

이 사경을 하는 공덕을

선망조상님과 유주무주 영가의 천도,

그리고 일체중생의 행복을 위해 바칩니다.

대원본존 지장보살님이시여,

가피를 내리시어

이 죄업중생의 업장을 소멸하여 주시옵고,

__________________를 꼭 성취되게 하옵소서.

제1품

도리천궁신통품

이렇게 내가 들었다. 한때 부처님께서 도리천에 계시면서 어머니를 위하여 설법을 하셨다. 그때 시방의 한량없는 세계에서 말로 할래야 다 할 수도 없는 그 모든 부처님과 큰 보살마하살이 법회에 오셔서 찬탄하셨다.

석가모니 부처님은 능히 오탁악세에서 불가사의한 큰 지혜와 신통력을 나타내시어, 억세고 거친 중생을 조복하여 고락의 법을 알게 하신다 하고, 각기 시자를 보내시어 부처님께 문안을 드렸다.

이때, 부처님께서 웃음을 머금으시고 백 천 만억의

큰 광명의 구름을 놓으시니, 이른바 '대원만광명운 · 대자비광명운 · 대지혜광명운 · 대반야광명운 · 대삼매광명운 · 대길상광명운 · 대복덕광명운 · 대공덕광명운 · 대귀의광명운 · 대찬탄광명운' 이었다.

이처럼 말로는 다할 수도 없는 광명의 구름을 놓으시고는, 또 여러 가지 미묘한 음성을 내시니, 이른바 '보시바라밀음 · 지계바라밀음 · 인욕바라밀음 · 정진바라밀음 · 선정바라밀음 · 지혜바라밀음 · 자비음 · 희사음 · 해탈음 · 무루음 · 지혜음 · 대지혜음 · 사자후음 · 대사자후음 · 운뢰음 · 대운뢰음' 이었다.

이처럼 말로는 다할 수도 없는 음성을 내시니, 사바세계와 타방국토에 있는 무량억수의 천 · 용 · 귀신들도 도리천궁으로 모여 들었다.

이를테면 '사천왕천 · 도리천 · 수염마천 · 도솔타천 · 화락천 · 타화자재천 · 범중천 · 범보천 · 대범천 · 소광천 · 무량광천 · 광음천 · 소정천 · 무량정천 · 변정천

· 복생천 · 복애천 · 광과천 · 엄식천 · 무량엄식천 · 엄식과실천 · 무상천 · 무번천 · 무열천 · 선견천 · 선현천 · 색구경천 · 마혜수라천, 내지 비상 · 비비상처천'의 온갖 하늘 무리며, 용의 무리며, 귀신무리 등이 모두 법회에 모여 들었다.

그 뿐만 아니라, 타방국토와 사바세계에 있는 '해신 · 강신 · 하신 · 수신 · 산신 · 지신 · 천택신 · 묘가신 · 주신 · 야신 · 공신 · 천신 · 음식신 · 초목신' 따위의 신들도 모두 법회에 모여 들었다.

또한 타방국토와 사바세계의 모든 큰 귀왕들인, 이른바 '악목귀왕 · 담혈귀왕 · 담정기귀왕 · 담태란귀왕 · 행병귀왕 · 섭독귀왕 · 자심귀왕 · 복리귀왕 · 대애경귀왕' 같은 이런 귀왕들도 모두 법회에 모여 들었다.

이때, 석가모니부처님께서 문수사리법왕자보살마하살에게 말씀하셨다.

『그대는 저 모든 불 · 보살과 천 · 용 · 귀신들을 보았는가? 이 세계와 다른 세계에서, 이 국토와 다른 국토에서 이렇듯이, 지금 이 도리천궁 법회에 모여든 자들의 수효를 그대는 알겠는가?』

문수보살이 아뢰었다.

『세존이시여! 저의 신력으로는 설사 천겁을 헤아린다 해도 능히 알지 못하겠나이다.』

부처님께서 말씀하셨다.

『내가 불안으로 관찰하여도 오히려 그 수를 다 헤아리지 못하겠구나. 그들은 모두 지장보살이 오랜 겁을 지내면서 이미 제도하였고, 지금 제도하고, 앞으로 제도할 자들이며, 또 이미 성취시켰으며, 지금 성취시키고, 앞으로 성취시킬 자들이니라.』

문수보살이 부처님께 아뢰었다.

『세존이시여! 저는 이미 과거세에 오랫동안 선근을 닦아 걸림 없는 지혜를 얻었으므로, 부처님께서 말씀하시는 바를 듣고는 바로 믿어서 지닐 수 있사오나,

작은 과를 얻은 성문이나 천·용·팔부와 미래세의 모든 중생은, 비록 부처님의 성실한 말씀을 들어도 반드시 의혹을 품을 것이오며, 설사 받아 들였더라도 다시 비방하게 됨을 면치 못하오리다.

세존이시여! 지장보살마하살은 처음 수행할 적에 어떤 행을 닦으셨으며 어떤 원을 세우셨기에 능히 이런 부사의한 일을 성취하셨나이까? 좀 더 자세히 말씀하여 주시옵소서.』

부처님께서 문수보살에게 말씀하셨다.

『비유하자면, 삼천대천세계에 있는 수풀·벼·삼·대·산의 돌과 티끌의 낱낱을 세어서 그 수만큼의 항하가 있다 하고, 이 항하의 모든 모래 수만큼의 세계가 있어서, 그토록 많은 세계안의 티끌 수대로 겁을 삼아, 이 모든 겁에 쌓인 티끌수를 모두 또 겁으로 치더라도, 지장보살이 십지 과위를 증득하여 지나온 것은, 위에 든 비유보다 천배나 더 길거늘, 하물며 성문이나 벽지불지에 있을 때까지이라.

문수보살이여! 이 보살의 위신력과 서원은 불가사의 하니, 만약 미래세에 어떤 선남자 선녀인이 지장보살의 명호를 듣고, 혹은 찬탄하고, 혹은 우러러 절하고, 혹은 명호를 부르고, 혹은 공양을 올리고, 그 형상을 그리거나 조성하여 모시면, 이 사람은 마땅히 삼십삼천에 백번이나 태어나고 영원히 악도에 떨어지지 않으리라.

문수보살이여! 이 지장보살마하살은 과거 말로 할래야 할 수도 없는 오랜 겁 전에 큰 장자의 아들이 되었더니라. 그때 세상에 부처님이 계셔서 호를 사자분신구족만행여래라 하셨느니라.

장자의 아들은 부처님 상호가 천복으로 장엄하심을 보고서 그 부처님께,

"어떤 수행과 서원을 세워야 이런 상호를 얻나이까?" 하고 여쭈었다.

이에 사자분신구족만행여래께서,

"이 몸을 얻고자 하거든 마땅히 오랫동안 온갖 고통을 받고 있는 중생을 건져 주어야 되느니라."고 일러주셨다.

문수보살이여! 그때 장자의 아들이 맹세를 하되,

'제가 이제부터 미래세가 다 하도록 헤아릴 수 없는 겁에, 저 죄와 고통을 받는 육도중생을 위하여 널리 방편을 베풀어서 다 해탈케 하고서야 제 자신이 불도를 이루리다.' 하고 부처님 앞에서 대원을 세웠느니라.

그로부터 지금까지 백천만억 나유타의, 말로 다 헤아릴 수도 없는 오랜 겁을 아직도 보살로 있느니라.

또, 과거 생각도 할 수 없는 무량겁 전에, 그때 세상에 부처님이 계셔서 호를 각화정자재왕여래라 하셨는데, 그 부처님 수명은 사백 천 만억의 무량한 겁이었다.

그 부처님이 계셨던 상법시대에 한 바라문의 딸이 있어서 숙세에 닦은 복이 매우 깊고 두터워, 여러 사람으로부터 흠모와 존경을 받았으며, 행주좌와에 모든 하늘이 옹호하였느니라.

그러나 그의 어머니는 사도를 믿어서 항상 삼보를 가벼이 여겼으므로, 그 딸이 여러 가지로 방편을 베풀어 어머니께 권유하여 바른 생각을 내게 하였건만, 그 어머니는 온전한 믿음을 내지 못하였고, 오래지 않아 목숨을 마쳐 혼신은 무간지옥에 떨어졌느니라.

그때 바라문녀는 어머니가 살았을 적에 인과를 믿지 않았으므로, 헤아리건대 업에 끄달려 필경 악도에 떨어졌으리라 짐작하고, 드디어 집을 팔아서 좋은 향과 꽃이며, 여러 공양구를 두루 구하여 먼저 부처님의 탑사에 가서 크게 공양을 올렸다.

그때에 그 절에 모셔진 각화정자재왕여래의 위용이 아주 장엄스러운 것을 보고, 바라문녀는 더욱 공경하

는 마음이 우러나 절을 하면서 혼자 생각하기를,

'부처님께서는 대각이시라 온갖 지혜를 갖추셨으니, 만약 세상에 계셨더라면 우리 어머니가 돌아가신 뒤에, 부처님께 와서 여쭈어 보았다면 반드시 가신 곳을 알았을 것이다' 하면서 바라문녀는 오래도록 흐느껴 울며 부처님을 우러러 사모하였다.

그때, 홀연히 공중에서 소리가 들려 왔다.

"우는 자여, 성녀여! 너무 슬퍼하지 말라. 내가 이제 네 어머니가 간 곳을 알려 주리라."

바라문녀는 공중을 향하여 합장하고 여쭈었다.

"어떤 신덕이시온데 저의 근심을 풀어 주시옵니까? 제가 어머니를 잃고 나서 밤낮으로 생각하고 생각하였으나, 어머니가 태어나신 곳을 여쭈어 볼 데가 없었나이다."

그때, 공중에서 또 소리가 났다.

"나는 너의 지극한 절을 받은 과거의 각화정자재

왕여래니라. 네가 어머니 생각하기를 보통 사람들 보다 배나 더한 것을 보았으므로 각별히 와서 일러주노라."

이 소리를 듣고 바라문녀는 감격하여 몸을 일으켜 스스로 부딪혀 팔과 다리를 성한 데가 없도록 다쳤으나, 좌우에서 부축하고 돌보아 한참만에야 겨우 정신을 차리고 공중을 향하여 아뢰었다.

"부처님이시여! 바라옵건대, 크옵신 사랑으로 불쌍히 여기시어 우리 어머니가 태어나신 곳을 어서 말씀하여 주옵소서. 저는 이제 몸과 마음이 곧 죽을 것만 같나이다."

이때 각화정자재왕여래께서 성녀에게 말씀하셨다.

"네가 공양 올리기를 마치거든 얼른 집으로 돌아가 단정히 앉아서 내 명호를 생각하여라. 그러면 곧 너의 어머니가 태어난 곳을 알게 되리라."

바라문녀는 절을 마치고 곧장 집으로 돌아와서, 어

머니가 그리워 단정히 앉아 각화정자재왕여래를 염하면서 하루 밤낮을 지냈는데, 갑자기 보니 자신이 한 바닷가에 와 있었다.

그 바닷물은 펄펄 끓어오르는데, 험악한 짐승이 들끓고, 더구나 그 몸뚱이가 모두 쇠로 되었고, 바다 위를 날아다니며 동서로 마구 달리고 있었다.

또, 보니 남자와 여자 백 · 천만 명이 그 바다 속에 빠져 버둥대는데, 저 험악한 짐승들이 이들을 다투어 잡아서 뜯어 먹고 있었다.

또 보니 야차가 있는데 그 모양이 낱낱이 이상하였다. 혹은 손이 여럿이고 눈이 여럿이며, 혹은 다리와 머리도 여럿이며, 입에서는 어금니가 밖으로 튀어나와 날카로운 갈고리와 같았다.

이들이 저 죄인들을 몰아다가 험악한 짐승에게 가까이 대어주기도 하고, 또 스스로 거칠게 움켜잡아 발과 머리를 엮어가는 그 모습이 천만가지라, 차마 오래 볼 수가 없었다. 그때 바라문녀는 염불하는 힘으로 자연히 두려움이 사라졌다.

여기에 무독이라는 한 귀왕이 있어서, 머리를 숙여 오며 성녀를 맞이하면서 말하였다.

"장하십니다. 성녀는 어떤 인연으로 이곳에 오셨습니까?"

바라문녀가 귀왕에게 물었다.

"여기가 어디입니까?"

무독이 대답하였다.

"이곳은 대철위산 서쪽의 첫 번째 바다입니다."

성녀가 물었다.

"내가 들으니 철위산 속에는 지옥이 있다는데, 그것이 사실입니까?"

무독이 대답하기를,

"참으로 무서운 지옥이 있습니다."

또 성녀가 물었다.

"내가 지금 어떻게 해서 지옥이 있는 이곳에 오게 되었습니까?"

무독이 대답했다.

"만약 부처님의 위신력이 아니면 바로 **업력**에 의한 겁니다. 이 두 가지가 아니면 결코 여기에 올 수 없습니다."

성녀가 또 물었다.

"저 물은 무슨 일로 저렇게 용솟음쳐 끓어오르며, 저 많은 죄인과 험악한 짐승들은 어떻게 된 것입니까?"

무독이 대답했다.

"저들은 남염부제에서 악한 짓을 한 중생입니다. 갓 죽은 자가 사십구일이 지나도록, 망자를 위하여 공덕을 지어 고난에서 건져주는 이가 아무도 없고, 살았을 적에도 착한 일을 한 바가 없으면, 결국에 본래 지은 업을 따라 지옥에 가느라고 자연히 먼저 이 바다를 건너게 됩니다. 이 바다 동쪽으로 십만 유순을 지나 또 한 바다가 있는데, 그곳의 고통은 이곳의 배나 되고, 그 바다 동쪽에 또 한 바다가 있는데 그곳의 고통은 또 그 배나 됩니다. 이 고통은 삼업이 악하였던 원인으로 해서 받은 것이므로 모두가 업의 바다라 부르는데, 그 곳이 바로 여기입니다."

성녀가 또 물었다.

"지옥은 어디에 있습니까?"

무독이 대답했다.

"그 세 바다 안이 바로 큰 지옥입니다. 그 지옥의 수가 백 천이지만 각각 차별이 있습니다. 큰 것으로는 열여덟이나 되고, 그 다음 것이 오백이고, 또 그 다음 것이 천백이나 되는데, 지독한 고초가 한량없습니다."

성녀가 또 물었다.

"우리 어머니가 돌아가신지 얼마 안 되니 알 수

없습니다. 그 혼신은 어디로 갔을까요?"

무독이 물었다.

"성녀의 어머니는 생전에 어떤 일을 하셨습니까?"

성녀가 대답했다.

"우리 어머니는 소견이 삿되어 삼보를 헐뜯어 비방하였고, 설혹 잠깐 믿다가도 이내 돌이켜 또 공경치 않았습니다. 돌아가신지 비록 며칠이 안 되나 태어나신 곳을 알 수 없습니다."

무독이 물었다.

"성녀의 어머니는 성씨가 어떻게 되십니까?"

성녀가 대답했다.

"우리 부모는 모두 바라문 종족인데, 아버지 이름은 시라선견이고 어머니 이름은 열제리입니다."

무독이 합장하고서 성녀에게 가르쳐 주었다.

"성녀는 집으로 돌아가소서. 조금도 걱정하거나 슬퍼하지 마소서. 열제리 죄녀가 천상에 태어난 지 이제 사흘이 되었습니다. 효순한 자손이 어머니를 위하여 공양을 올리고 복을 닦아 각화정자재왕여래의 탑사에 보시한 공덕으로, 보살의 어머니만 지옥에서 벗어난 것이 아니라, 그날 이 무간지옥에 있던 죄인들은 모두가 함께 천상에 태어나 낙을 누리게 되었습니다."

무독이 말을 마치고는 합장하고 물러갔다.

바라문녀는 꿈결같이 집으로 돌아와 이 일을 깨닫고는, 곧 각화정자재왕여래의 탑상 앞에 나아가서 큰 서원을 세우기를,

"바라옵나니, 저는 미래 겁이 다하도록 죄고에 허덕이는 중생에게 널리 방편을 설하여 해탈케 하오리다."고 하였느니라.』

부처님께서 문수보살에게 또 말씀하셨다.

『그때의 귀왕인 무독이란 자는 지금의 재수보살이고, 바라문녀는 바로 지장보살 이니라.』

제2품

분신집회품

그때 백 천 만억의 생각할 수도 없고, 의논할 수 없으며, 헤아릴 수 없고, 말로 할 수도 없는, 그 무량 무수한 세계의 모든 지옥에 있던 지장보살의 분신들이 모두 다 도리천궁에 함께 모여 계셨다.

또, 각각 그 방면에서 해탈을 얻고 업도에서 나온 자가 천만 억에 이르고 있었는데, 이들이 부처님의 신력을 입어 다 같이 향과 꽃을 가지고 와서 부처님께 공양을 올렸다. 이들과 함께 온 무리들은 모두가 지장보살의 교화로 아뇩다라삼먁삼보리에서 영원히 물러서지 않게 된 자들이었다.

이 모든 무리들은 멀고 먼 겁으로부터 오면서, 생사의 물결에 빠져 육도를 떠돌면서 고통을 받아 잠깐도 쉴 틈이 없었다가, 지장보살의 광대한 자비와 깊은 서원력으로 각기 도과를 증득하고 도리천에 이르렀으니, 마음이 기뻐 뛸듯하여 부처님을 우러르며 잠시도 한눈을 팔지 않았다.

그때 세존께서 금빛 팔을 펴시어 백 천 만억의 생각할 수도 없고, 의논할 수도 없고, 헤아릴 수도 없고, 말로는 다할 수도 없는 무량 무수한 세계의 모든 화신인 지장보살의 이마를 어루만지면서 말씀하셨다.

『내가 오탁악세에서 저런 억세고 거친 중생을 교화하여, 그 마음을 조복시켜 삿된 것을 버리고 바른 데로 돌아오게 하였건만, 열에 하나 둘은 아직도 악습에 빠져 있느니라. 나도 역시 천 백억의 분신으로 널리 방편을 베푸노니, 혹 근기가 날카로운 자는 법을 들으면 곧 믿어서 지니며, 혹 좋은 과보를 지닌 자는 부지런히 권하면 성취하고, 혹 둔하고 어두운 자는 오래 교화하여야 겨우 귀의하고, 혹 업이 무거운 자는 우러러 공경치 않느니라.

이런 중생 무리들을 각각 차별하여 분신이 제도하는데, 혹은 남자 몸을 나타내고, 혹은 여자 몸을 나타내고, 혹은 하늘 사람이나 용의 몸을 나타내고, 혹은 귀신의 몸을 나타내고, 혹은 산·숲·내·들·강·못·샘·우물을 나타내어 사람을 이롭게 하면서 모두 제도하여 해탈케 하고, 혹은 제석천왕의 몸으로, 혹은 범왕의 몸으로, 혹은 전륜왕의 몸으로, 혹은 거사의 몸으로, 혹은 국왕의 몸으로, 혹은 재상의 몸으로, 혹은 관속의 몸으로, 혹은 비구·비구니·우바새·우바이의 몸으로 내지, 성문·아라한·벽지불·보살 등의 몸으로 나타내어 교화하고 제도하노니, 단지 부처의 몸으로만 그 몸을 나타내는 것이 아니니라.

내가 여러 겁을 두고 부지런히 애써서 저런 교화

하기 어려운 억세고 거친 죄와 고통을 받는 중생을 제도하였으나, 거기에 아직도 조복되지 못한 자가 있어서, 업보를 따라 만약 악도에 떨어져 큰 고통을 받게 된 것을 보거든, 그대는 마땅히 내가 이 도리천궁에서 은근히 부촉하던 것을 생각하고, 사바세계에 미륵불이 출세하여 오실 때까지 중생을 다 해탈케 하여 영원히 모든 괴로움을 여의게 하고 부처님의 수기를 받도록 하라.』

이때 여러 세계에서 온 모든 분신 지장보살이 다시 한 몸으로 되어 애절하게 눈물을 흘리며 부처님께 아뢰었다.

『제가 멀고 먼 겁으로 오면서 부처님의 인도하심을 입어 불가사의한 신력을 얻고, 크나 큰 지혜를 갖추게 되었나이다. 제가 저의 분신으로 하여금 백 천 만억 항하사 세계에 두루하여 한 세계마다 백 천 만억 분신을 화현하고, 그 한 몸마다 또 백 천 만억 사람을 제도하여 삼보께 귀의토록 하며, 영원히 나고 죽는 것을 여의고 열반락에 이르도록 하겠나이다. 다만, 불법 중에서 착한 일을 하되, 한 터럭 · 한 물방울 · 한 모래알 · 한 티끌만큼이나, 혹은 털끝만치라도 한다면, 제가 점차로 제도하여 해탈시켜 큰 이익을 얻게 하겠나이다.

세존이시여! 바라옵건대, 후세의 악업 중생들은 염려하지 마시옵소서.』

이렇게 세 번이나 부처님께 말씀드렸다.

이때 부처님께서 지장보살을 찬탄하셨다.

『장하고 장하도다. 내가 그대를 기쁘게 하리라. 그대는 아득한 겁으로 오면서 세운 큰 서원을 능히 성취하여, 장차 널리 중생을 제도한 후에 곧 보리를 이루리라.』

제3품

관중생업연품

그때, 부처님의 어머니 마야부인이 공경스럽게 합장하고 지장보살께 여쭈었다.

『성자시여! 남염부제 중생이 업을 짓는 차별과 받게 되는 응보는 어떠하옵니까?』

지장보살이 대답하셨다.

『천만 세계, 모든 국토에는 혹 지옥이 있기도 하고 없기도 하며, 혹 여인이 있기도 하고 없기도 하며, 혹 불법이 있기도 하고 없기도 하며, 성문이나 벽지불도 역시 그러하옵니다. 지옥의 죄보도 똑같은 것만이 아니옵니다.』

마야부인이 거듭 지장보살께 여쭈었다.

『그러면, 남염부제에서 죄보로 나쁜 곳에 떨어져, 과보를 받는 것에 대해 듣고자 하옵니다.』

『성모여! 잘 들으소서. 제가 대강 말씀드리겠나이다.』

『성자시여! 어서 말씀하옵소서.』

이때 지장보살께서 성모에게 말씀하셨다.

『남염부제의 죄보에 대해 말씀드리자면 이러하옵니다. 만약, 어떤 중생이 부모에게 불효하고 혹 살해까지 하였다면, 마땅히 무간지옥에 떨어져 천만억겁이 지나도 벗어날 기약이 없습니다.

만약, 어떤 중생이 부처님의 몸에 피를 내고, 삼보를 훼방하고, 경전을 존중치 않으면, 역시 마땅히 무간지옥에 떨어져 천만억겁이 지나도 벗어날 기약이 없습니다.

만약, 어떤 중생이 사찰의 재산에 손해를 주거나,

비구·비구니를 더럽히거나, 혹은 절 안에서 방자하게 음욕을 행하거나 죽이고 해친다면, 이런 무리들도 마땅히 무간지옥에 떨어져 천만억겁이 지나도 벗어날 기약이 없습니다.

만약, 어떤 중생이 마음은 사문이 아니면서 거짓으로 사문이 되어, 사찰의 재산을 함부로 쓰고, 신도를 속이며, 계율을 어겨 갖가지 나쁜 짓을 하면, 이 같은 무리들도 마땅히 무간지옥에 떨어져 천만억겁으로 벗어날 기약이 없습니다.

만약, 어떤 중생이 절 재산을 훔치되, 재물·곡식·음식·의복을 한 가지라도 주지 않는 것을 취한 자는, 마땅히 무간지옥에 떨어져 천만억겁이 지나도 벗어날 기약이 없습니다.

성모여! 만약 어떤 중생이라도 이 같은 죄를 지으면, 마땅히 오무간지옥에 떨어져 잠깐만이라도 고통이 멈춰지기를 원해도 이룰 수가 없습니다.』

마야부인이 거듭 여쭈었다.

『어떤 것을 무간지옥이라고 하옵니까?』

『성모여! 모든 지옥이 대철위산 속에 있는데, 그 중에 큰 지옥은 열여덟 곳이나 됩니다. 그 다음 것이 오백인데 이름이 각각 다르고, 그 다음 것이 천백이나 되는데 역시 이름이 각각 다릅니다.

무간지옥이라는 곳은 그 옥성의 둘레가 팔만여리가 되며, 그 성은 순전히 쇠로 되었고, 높이는 만리인데, 성 위에는 불더미가 조금도 빈틈없이 이글거리며, 그 성 중에는 또 여러 지옥이 서로 이어졌는데 그 이름도 각기 다릅니다.

여기에 유독 한 지옥이 있어서 이름을 무간이라고 하는데, 이 감옥의 둘레는 만 팔 천리요, 담장 높이는 천리이며, 아래 불은 위로 치솟고 위 불은 아래로 쏟아져 내려오며, 쇠로 된 뱀과 개가 불을 토하면서 담장 위를 동서로 마구 달립니다.

옥중에는 넓이가 만리에 가득 찬 평상이 있는데, 한 사람이 죄를 받아도 그 몸이 평상 위에 가득 차게 누워있는 것을 스스로 보게 되고, 천만 사람이 죄를 받아도 역시 각자의 몸이 평상 위에 가득참을 보게 되는데, 뭇 죄업으로써 이와 같은 과보를 받게 되는 것입니다.

또, 모든 죄인이 온갖 고초를 골고루 다 받는데, 천백 야차와 악귀들이 어금니는 칼날 같고, 눈은 번갯빛 같으며, 손은 또 구리쇠 손톱으로 되어, 죄인의 창자를 끄집어내어서 토막토막 자릅니다.

또, 어떤 야차는 큰 쇠창을 가지고 죄인의 몸을 찌르는데, 혹은 입과 코를 찌르며, 혹은 배나 등을 찔러 공중으로 던졌다가 다시 받아서 평상 위에 놓기도 합니다.

또 쇠로 된 매가 있어서 죄인의 눈을 파먹으며, 또 쇠로 된 뱀이 있어서 죄인의 목을 감아 조이고, 또

온 몸 마디마디에 긴 못을 내려 박기도 하며, 또 혀를 빼어 보습으로 갈 때 죄인이 끌게 하고, 구리 쇳물을 입에 붓기도 하며, 뜨거운 철사로 몸을 감아서 만번 죽였다 만번 살렸다 하나니, 업으로 받는 것이 이와 같아서 억겁을 지내도 벗어날 기약이 없습니다.

그러다가, 이 세계가 무너질 때는 딴 세계로 옮겨 가서 나고, 그 세계가 또 무너지면 다른 세계로 옮겨 가고, 또 옮겨가고 하다가, 이 세계가 또 이루어지면 다시 돌아옵니다. 무간지옥의 죄보가 이러하옵니다.

또한 다섯 가지 업 겁이 있으므로 무간이라고 합니다. 다섯 가지라 함은 첫째는 밤낮으로 죄를 받아서 겁이 거듭하여도 끊어 질 때가 없으므로 무간이라고 하는 것이며, 둘째는 한 사람이라도 가득차고, 많은 사람이라도 역시 가득 차므로 무간이라고 하는 것이며, 셋째는 죄받은 기구에 쇠몽둥이 · 매 · 뱀 · 이리 · 개 · 맷돌 · 톱 · 도끼 · 끓는가마 · 쇠그물 · 쇠사슬

· 쇠나귀 · 쇠말 따위가 있으며, 생가죽으로 목을 조르고, 뜨거운 쇳물을 몸에 부으며, 주리면 철환을 삼키고, 목마르면 뜨거운 쇳물을 마시면서, 해를 넘기고 겁을 보내어, 그 수가 한량없는 겁에 이르러도 고초가 잇달아 끊임이 없으므로 무간이라고 하는 것이며, 넷째는 남자 · 여자 · 오랑캐 · 늙은이 · 어린이 · 천한이 · 용 · 신 · 하늘사람 · 귀신 할 것 없이 죄를 지으면 그 업에 따라 받는 것이 모두 똑같으므로 무간이라고 하는 것이며, 다섯째는 만약 이 지옥에 떨어지면 처음 들어올 때부터 백 천 겁에 이르도록, 날마다 밤마다 만 번 죽었다가 만 번 살았다가 하여 잠깐도 멈춰짐이 없다가, 나쁜 업이 다 삭아져야만 비로소 딴 곳에 태어납니다. 이렇게 줄곧 잇달아 끊이지 않으므로 무간이라고 하는 것입니다.

성모여! 무간지옥에 대하여 대강 말씀한 것이 이러하오나, 만약 형벌 받는 기구 등의 이름과, 그 온갖 고초 받는 일을 자세히 말씀드리자면, 한 겁 동안에도 다할 수 없습니다.』

마야부인이 이 말씀을 듣고는 근심 깊은 얼굴로 합장 정례하고 물러갔다.

제4품
염부중생업감품

그때, 지장보살마하살이 부처님께 아뢰었다.

『세존이시여! 제가 부처님의 위신력을 입은 까닭으로 백 천 만억 세계에 두루 이 몸을 나투어 일체의 업보 중생을 구제하고 있나이다. 만약, 부처님의 큰 자비의 힘이 아니면, 능히 이 같은 변화를 부리지 못할 것이옵니다. 제가 이제 또 부처님의 부촉하심을 받았사오니, '아일다'가 성불하여 오실 때까지 육도 중생을 해탈토록 하겠사오니, 원하옵건대, 세존이시여, 염려하지 마시옵소서.』

이때 부처님께서 지장보살에게 말씀하셨다.

『일체중생이 해탈하지 못한 자는 성식이 정한 바가 없어서, 악습으로는 업을 짓고 선습으로는 과를 짓나니, 착하기도 하고 악하기도 한 경계를 따라 태어나, 육도에 윤회하여 잠깐도 쉴 새가 없으며, 티끌 수 같은 겁이 지나가도 미혹함으로 고난에 걸리는 것이, 마치 그물 속에 노는 고기가 항상 흐르는 물인 줄 알고서, 잠시 벗어났다가 또 그물에 걸리곤 하는 것과 같으니라. 이런 무리들을 내가 걱정하였더니, 그대가 이미 과거 여러 겁에 거듭한 서원을 실천하려고, 저 죄 많은 무리를 널리 제도하겠다 하니 내가 다시 무엇을 걱정하겠는가.』

이 말씀을 하실 때, 회중에 있던 정자재왕보살이 부처님께 아뢰었다.

『세존이시여! 지장보살은 여러 겁으로 오면서 어떤 발원을 하였기에 이제 세존의 찬탄을 받나이까? 세존께서는 간략히 말씀하여 주시옵소서.』

부처님께서 정자재왕보살에게 이르셨다.

『자세히 듣고 자세히 들어, 잘 생각하라. 내가 그대를 위해 분별하여 해설하리라. 저 과거 한량없는 아승지 나유타, 말로 할 수도 없는 겁의 일이니라.

그때에 부처님이 계셨으니, 이름을 '일체지 · 성취 · 여래 · 응공 · 정변지 · 선서 · 세간해 · 무상사 · 조어장부 · 천인사 · 불 · 세존'이라 하셨고, 수명은 육만 겁이었느니라. 이 부처님이 출가하시기 전에는, 작은 나라의 왕이 되어 한 이웃나라 왕과 더불어 벗을 삼고, 함께 십선을 행하여 중생을 이롭게 하였더니라. 그런데, 그 이웃나라에 사는 백성들이 여러 가지로 악한 일을 많이 지으므로 두 왕은 의논하여 널리 방편을 베풀고자 하였다.

한 왕은 발원하기를 '어서 불도를 이루어 널리 이런 무리들을 남김없이 제도하리라' 하였고, 또 한 왕은 '만약 죄고중생을 먼저 제도하여 안락케 하고 보리를 이루지 못하게 하면 나는 끝내 성불하기를 원치 않노라' 고 하였느니라.』

부처님께서 정자재왕보살에게 계속 말씀하셨다.

『어서 성불하기를 발원한 왕은 곧 일체지성취여래였고, 영원히 죄고중생을 제도하고 성불을 원치 않은 왕은 바로 지장보살이었느니라. 또, 과거 한량없는 아승지겁에 한 부처님이 세상에 출현하셨으니, 명호는 청정연화목여래이셨고, 수명은 사십 겁이었느니라.

그 부처님이 계셨던 상법시대에 한 나한이 있어서 중생을 복으로써 제도하였는데, 차례로 교화하다가 광목이라는 한 여인을 만났다.

음식을 베풀어 공양하기에 나한이 물었다.

"소원이 무엇이요?"

광목이 대답하였다.

"저는 어머니가 돌아가신 날에 복을 지어 천도해 드리고자 하오나, 우리 어머니가 어떤 곳에 태어나셨

는지를 모릅니다."

나한이 가엾이 여기고, 정에 들어 살펴보니 광목의 어머니는 나쁜 곳에 떨어져 모진 고통을 받고 있었다. 나한이 광목에게 물었다.

"그대의 어머니는 생전에 어떤 업을 지었는고? 지금 나쁜 곳에서 아주 큰 고통을 겪고 있소."

광목이 대답했다.

"저의 어머니는 습성이 물고기와 자라 같은 것을 즐겨 자셨고, 그 중에도 새끼를 많이 자셨는데, 혹은 볶고, 혹은 지져서 마음껏 드셨으니 아마 그 수는 천만보다 배나 더 될까 하옵니다. 존자님께서는 자비로 불쌍히 여기사 어떻게든지 구하여 주옵소서."

나한이 가엾이 여기고 방편을 지어 광목에게 권하여 말했다.

"그대는 지극한 정성으로 청정연화목여래를 염하고, 겸해서 그 부처님 형상을 조성하거나 그려 모시면, 산 사람도 죽은 사람도 모두 좋은 과보를 얻을 것이요."

광목이 이 말을 듣고는 곧 애착하던 것을 바쳐 불상을 그려 모시고 공양을 올리며, 더욱이 공양하는 마음으로 슬피 울면서 우러러 절을 하였더니, 문득 새벽녘 꿈에 부처님을 뵈오니, 금빛이 찬란한 것이 마치 수미산과 같았다. 그 부처님께서 큰 광명을 놓으시며 광목에게 이르셨다.

"너의 어머니는 머지않아 꼭 너의 집에 태어나리라. 그래서 겨우 배고프고 추운 것을 느낄 만 하면 곧 말을 하게 되리라."

그 뒤에 그 집에서 여종이 한 자식을 낳으니, 사흘이 채 못 되어 말을 하는데, 머리를 조아리고 슬피 울면서 광목을 보자 이렇게 말했다.

"생사의 업연으로 과보는 자기가 받게 마련이다. 나는 네 어미다. 어둠 속에 오래 있었다. 너와 이별

한 뒤로 큰 지옥에 여러 차례 떨어졌다가, 이제야 복력을 입어 몸을 받아 났다만 미천한 사람이 되었고, 게다가 단명하여 열세 살만 되면 또 다시 악도에 떨어질 것이다. 네가 내 업보를 벗겨 줄 무슨 방법이 없겠느냐?"

광목이 이 말을 듣고는 자기 어머니인 것을 의심치 않고, 목메어 슬피 울면서 종의 자식에게 말했다.

"이미 우리 어머니가 틀림없다면, 본래 지은 죄를 알아야 합니다. 어떤 업을 지었기에 악도에 떨어졌습니까?"

종의 자식이 대답했다.

"살생하고 헐뜯고 욕을 한, 두 가지 업으로 과보를 받았다. 만약 네가 복을 지어 나의 고난을 구제하여 주지 않았다면, 이런 업으로써는 도저히 벗어날 수 없었을 것이다."

광목이 물었다.

"지옥의 죄보는 어떠하던가요?"

종의 자식이 대답했다.

"죄의 고통을 받는 일은 차마 말로 다할 수 없다. 백년을 두고 천년을 두고 말하더라도 다하기 어려울 것이다."

광목이 듣고는 통곡하며 울다가 허공을 향하여 말씀 드렸다.

"바라옵건대, 저희 어머니를 지옥에서 영원히 벗어나게 하여 주옵소서. 열세 살을 마치고 나서도 무거운 죄보가 없도록 하여 주옵소서. 다시는 악도를 거치지 않게 하여 주옵소서.

시방의 모든 부처님이시여!

자비로 저를 가엾이 여겨 주옵소서.

제가 어머니를 위하여 발하는 이 광대한 서원을 들어 주옵소서. 만약, 우리 어머니가 삼악도와 이 미천한 신분과 여인의 몸까지도 아주 여의고, 영겁토록 다시 받지 않게 된다면, 제가 청정연화목여래의 존상 앞에서 맹세하겠나이다.

오늘부터 이 뒤로 백 천만 억겁 동안, 모든 세계에 있는 지옥과 삼악도에서 고통 받는 모든 중생을 구원하여 지옥 · 축생 · 아귀 등 악취에서 영원히 벗어나게 하고, 이런 무리들을 모두 다 성불케 한 후에야 제가 정각을 이루겠나이다."

이렇게 서원을 마치자, 청정연화목여래의 말씀이 들렸다.

"광목아! 네가 큰 자비로 불쌍히 여겨 어머니를 위해 능히 훌륭하게도 그런 큰 원을 세웠구나. 내가 보건대, 너의 어머니가 열세 살이 차면 지금의 보를 벗고, 다음에 범지로 태어나 백세의 수를 누릴 것이다. 이 보가 지난 뒤에는 무우국토에 태어나서 헤아릴 수 없는 겁을 살다가, 뒤에는 불과를 이루고 널리 항하의 모래 수 같은 인간과 하늘을 제도하리라."』

부처님께서 또 말씀하셨다.

『그 때에 광목을 복으로 제도한 나한은 곧 무진의 보살이고, 광목의 어머니는 곧 해탈월보살이며, 광목 여인은 바로 지장보살이니라. 지나간 멀고 먼 오랜 겁 중에, 이렇게도 자비하여 항하 모래 수와 같은 발원을 하고 널리 중생을 제도하였느니라.

미래세에 만약 어떤 남자나 여인이, 선행을 하지 않는 자, 악행하는 자, 인과를 믿지 않는 자, 사음·망어를 하는 자, 대승을 비방하는 자라면, 이 같은 모든 죄업 중생은 반드시 나쁜 곳에 떨어질 것이로되, 만약 선지식을 만나 그의 권유로 손가락을 한번 튕기는 사이라도 지장보살께 귀의하면, 저 모든 중생은 곧 삼악도의 죄보에서 풀려나게 되리라.

만약, 능히 지극한 마음으로 귀의하여 공경하고, 우러러 절하고 찬탄하며, 향·꽃·의복·갖가지 진귀한 보배나 음식으로 받들어 섬기는 자는, 미래의 백 천만겁 동안에 항상 여러 하늘에 살면서 아주 묘한 낙을 누리게 되고, 만약 천복이 다하여 인간에 하생하더라도 오히려 백·천겁을 항상 제왕이 되어 능히 숙명의 인과본말을 알게 되리라.

정자재왕보살이여! 이와 같이, 지장보살에게는 불가사의한 큰 위신력이 있어서 널리 중생을 이롭게 하니, 그대들 모든 보살들은 마땅히 이 경을 기록하여 널리 선전하고 유포할지니라.』

정자재왕보살이 부처님께 아뢰었다.

『세존이시여! 염려하지 마시옵소서. 저희들 천만억 보살마하살이 반드시 능히 부처님의 위신력을 받들고, 널리 이 경을 연설하여 염부제 중생을 이익되게 하겠나이다.』

정자재왕보살이 세존께 아뢰고는 합장하여 공경스럽게 절하고 물러갔다.

이때에 사방의 천왕이 함께 자리에서 일어나 합장

하고 공경스럽게 부처님께 여쭈었다.

『세존이시여, 지장보살은 오랜 겁을 지내오면서 그와 같은 큰 원을 발원하였는데, 어찌하여 지금에 이르도록 아직도 중생을 다 제도하지 못하고, 다시 또 광대한 서원을 발하옵니까? 세존이시여, 원컨대 저희들을 위하여 말씀하여 주시옵소서.』

부처님께서 사천왕에게 말씀하셨다.

『훌륭하고 훌륭하도다. 내 이제 그대들과 미래 현재의 하늘과 인간 무리들에게 널리 이익을 주기 위하여, 지장보살이 사바세계 염부제 안에 있는 생사의 길에서 자비로 일체의 죄고중생을 구제하고 해탈시키는 방편에 대하여 말하리라.』

사천왕이 말씀드렸다.

『그렇게 하여 주시옵소서. 세존이시여, 즐거이 듣고자 하옵니다.』

부처님께서 말씀하셨다.

『지장보살이 오랜 겁으로 오면서 오늘에 이르기까지 중생을 제도하여 해탈시켜 오지만, 아직도 그 원을 다 마치지 못하였느니라.

이 세계의 죄고중생을 사랑하고 가엾이 여겨, 미래의 무량겁으로 업의 인연이 이어져 끊이지 않음을 너무나 많이 보게 되므로, 또 거듭 원을 발하느니라.

이러한 보살은 사바세계 염부제 안에서 백 천 만억 방편으로 교화하고 있느니라.

사천왕이여! 지장보살은,

만약에 살생하는 자를 만나면 묵은 앙화로 단명하게 되는 과보를 말해주고,

만약에 도둑질하는 자를 만나면 빈궁하여 고초 받는 과보를 말해주며,

만약에 사음하는 자를 만나면 공작이나 비둘기·원앙새의 과보를 말해주고,

만약에 사나운 입을 놀리는 자를 만나면 권속과

다투는 과보를 말해주며,

만약에 훼방하는 자를 만나면 혀가 없는 구창보를 말해주고,

만약에 성내는 자를 만나면 얼굴이 더럽게 찌그러지는 과보를 말해주며,

만약에 인색하고 간탐하는 자를 만나면 구하는 바가 어긋나는 과보를 말해주고,

만약에 음식에 절도가 없는 자를 만나면 배고프고 목마르고 목에 병이 나는 과보를 말해주며,

만약에 사냥을 즐기는 자를 만나면 놀라고 미쳐서 목숨을 잃게 되는 과보를 말해주고,

만약에 부모의 뜻을 어기고 행패를 부리는 자를 만나면 천재지변으로 죽게 되는 과보를 말해주며,

만약에 산이나 숲에 불을 지르는 자를 만나면 미쳐서 헤매다가 죽게 되는 과보를 말해주고,

만약에 전·후 부모에게 악독하게 하는 자를 만나

면 내생에 바뀌나서 매 맞는 과보를 말해주며,

만약에 그물로 작은 새들을 사로잡는 자를 만나면 골육간에 이별하는 과보를 말해주고,

만약에 삼보를 헐뜯어 비방하는 자를 만나면 눈멀고 귀먹고 벙어리가 되는 과보를 말해주며,

만약에 불법을 가벼이 여기고 그 가르침을 업신여기는 자를 만나면 길이 악도에 처하는 과보를 말해주고,

만약에 절 재산을 함부로 쓰는 자를 만나면 억겁동안 지옥에서 윤회하는 과보를 말해주며,

만약에 청정한 행을 더럽히고 스님을 속이는 자를 만나면 영원히 축생으로 있게 되는 과보를 말해주고,

만약에 끓는 물·불·흉기로 생명을 다치게 하는 자를 만나면 윤회하면서 서로 갚게 되는 과보를 말해주며,

만약에 파계하고 계를 범하는 자를 만나면 새나

짐승이 되어 굶주리는 과보를 말해주고,

만약에 재물을 옳지 않게 헐어 쓰는 자를 만나면 구하는 바가 막히고 끊어지는 과보를 말해주며,

만약에 아만이 높은 자를 만나면 미천한 종이 되는 과보를 말해주고,

만약에 두 말로 이간질하여 싸움을 붙이는 자를 만나면 혀가 없든지 혀가 여럿이 되는 과보를 말해주며,

만약에 소견이 삿된 자를 만나면 변방에 태어나는 과보를 말해주느니라.

이런 등등의 염부제 중생이 몸과 입과 뜻으로 짓는 악습의 결과로 받게 되는 백·천 가지 응보를 이제 대강 말하였거니와, 그러한 염부제 중생의 업감의 차별을 따라 지장보살은 백 천 방편으로 교화하고 있건만, 이런 중생은 먼저 이 같은 과보를 받고, 뒤에는 지옥에 떨어져 여러 겁이 지나가도 벗어날 기

약이 없느니라.

이런 까닭으로 그대들은 사람을 보호하고 나라를 보호하여 저런 중생이 다른 중생을 미혹하게 하지 말도록 하라.』

사천왕이 듣고는 눈물을 흘리며 슬피 탄식하면서 합장하고 물러갔다.

제5품
지옥명호품

그때에 보현보살마하살이 지장보살께 말씀하셨다.

『인자여 원컨대 천·용·팔부와 미래 현재의 일체 중생을 위하여, 사바세계 염부제의 죄고중생이 과보를 받는 지옥의 이름과 악독한 과보들을 말씀하여, 미래세의 말법중생으로 하여금 그 과보를 알게 하여 주시옵소서.』

지장보살이 대답하셨다.

『인자여! 내가 이제 부처님의 위신력과 대사의 힘을 받들고, 지옥의 이름과 죄보에 대하여 간략히 말씀드리리라.

인자여! 염부제의 동쪽에 산이 있는데, 이름을 철위라 하며, 그 산은 어둡고 깊어서 해와 달의 빛이 없습니다. 여기에 큰 지옥이 있는데 이름이 극무간이고, 또 지옥이 있는데 이름이 대아비이고, 또 지옥이 있는데 이름이 사각이고, 또 비도지옥, 화전지옥, 협산지옥, 통창지옥, 철거지옥, 철상지옥, 철우지옥, 철의지옥, 천인지옥, 철려지옥, 양동지옥, 포주지옥, 유화지옥, 경성지옥, 좌수지옥, 담안지옥, 쟁론지옥, 철환지옥, 철수지옥, 다진지옥이 있습니다.』

지장보살이 또 말씀하셨다.

『인자여! 철위산 속에는 이런 지옥들이 수도 없이 있습니다. 또 규환지옥, 발설지옥, 분뇨지옥, 동쇄지옥, 화상지옥, 화구지옥, 화마지옥, 화우지옥, 화산지옥, 화석지옥, 화상지옥, 화량지옥, 화응지옥, 거아지옥, 박피지옥, 음혈지옥, 소수지옥, 소각지옥, 도자지옥, 화옥지옥, 철옥지옥, 화랑지옥 등이 있습니다. 이런 지옥 속에는 각각 또 작은 지옥들이 있는데, 혹은 하나 둘, 혹은 셋·넷 내지 백·천이 되기도 하며, 그것들의 이름도 각각 다릅니다.』

지장보살이 또 보현보살에게 말씀하셨다.

『인자여! 이것은 모두 다 남염부제에서 악한 짓을 한 중생의 업감으로 이렇게 되는 것입니다. 업의 힘이란 참으로 큰 것이어서 능히 수미산을 대적하며, 능히 큰 바다보다도 깊어서, 능히 성도를 막아냅니다. 이런 까닭으로, 중생은 비록 작은 악이라도 가볍게 여겨 죄가 되지 않는다고 하지 말아야 됩니다.

죽은 뒤에는 업보가 있어서 털끝만한 것도 받아가져야 하며, 어버이와 자식이 지극히 가깝지만 가는 길이 각각 다르고, 비록 서로가 만나더라도 대신 받을 수 없습니다. 내가 이제 부처님의 위신력을 받들고, 지옥에서 죄보 받는 일을 대략 말하리니, 인자는 잠깐만 들으소서.』

보현보살이 대답하셨다.

『내가 삼악도의 죄보를 안 지는 비록 오래 되오나, 인자의 말씀을 바라는 것은 후세의 말법시대에 모든 악행하는 중생으로 하여금 인자의 말씀을 듣고, 불법에 귀의토록 하려는 것입니다.』

지장보살이 말씀하셨다.

『인자여! 지옥의 죄보는 이러합니다. 어떤 지옥은 죄인의 혀를 빼내어 소로 하여금 갈게 하며, 어떤 지옥은 죄인의 심장을 빼내어 야차가 먹으며, 어떤 지옥은 펄펄 끓는 가마에 죄인의 몸을 삶으며, 어떤 지옥은 벌겋게 달군 구리쇠 기둥을 죄인에게 안게 하며, 어떤 지옥은 맹렬한 불길이 죄인을 덮치며, 어떤 지옥은 언제나 차디찬 얼음뿐이며, 어떤 지옥은 한없는 똥·오줌뿐이며, 어떤 지옥은 쇠뭉치가 날아들며, 어떤 지옥은 불창이 가득히 모여들며, 어떤 지옥은 몽둥이로 가슴과 등을 때려 치며, 어떤 지옥은 손발을 태우며, 어떤 지옥은 쇠뱀이 칭칭 감으며, 어떤 지옥은 쇠개에게 몰려 쫓기며, 어떤 지옥은 아울러 쇠나귀를 타게 합니다.

인자여! 이런 등등의 과보를 받는 지옥마다 또 백·천 가지 형구가 있는데, 그 모두가 구리요, 쇠요, 돌이요, 불 아닌 것이 없습니다. 이 네 가지 물건은 여러 가지 업감으로 나타난 것입니다.

만약, 지옥의 죄보에 대한 것을 널리 말하자면, 한 옥마다 다시 백·천 가지 고초가 있는데, 하물며 그 많은 지옥이겠습니까? 제가 이제 부처님의 위신과, 인자의 물으심을 받들어 간략히 말을 하였으나, 만약 널리 해설하려면 겁이 다해도 못다 하리다.』

제6품
여래찬탄품

그때, 부처님께서 온 몸으로 큰 광명을 놓으시어, 백 천억 항하의 모래 수 같은 모든 부처님 세계를 두루 비추시며, 저 모든 부처님 세계의 보살 마하살과 천 · 용 · 귀신, 사람과 사람 아닌 온갖 무리들에게 크게 외치셨다.

『들거라! 내가 오늘 지장보살마하살이 시방세계에서 불가사의한 큰 위신력과 자비의 힘으로써 온갖 괴로움을 구호하는 일에 대하여 드높이 찬탄하리라.

내가 멸도한 뒤에 그대들 모든 보살마하살과 천 · 용 · 귀신들은 널리 방편을 지어서 이 경을 지킬 것이며, 일체중생으로 하여금 온갖 괴로움을 여의고 열반락을 얻게 하라.』

이렇게 말씀하시니, 회중에 있던 보광보살이 합장하고 공경스럽게 부처님께 아뢰었다.

『지금, 세존께서 지장보살에게는 불가사의한 큰 위신력이 있다고 찬탄하셨나이다. 세존이시여! 미래세의 말법 중생을 위하시어, 지장보살이 인간과 천상을 이롭게 하는 인과에 대하여 말씀하여 주옵소서. 그리하여 모든 천 · 용 · 팔부와 미래세의 중생으로 하여금 부처님의 말씀을 받들게 하여 주시옵소서.』

이때 세존께서 보광보살과 사부 대중들에게 말씀하셨다.

『자세히 듣고 자세히 들어라. 내가 마땅히 그대들을 위하여 지장보살이 인간과 천상을 이롭게 하는 복덕에 대하여 간단히 말하리라.』

보광보살이 아뢰었다.

『세존이시여! 잘 듣겠나이다.』

부처님께서 말씀하셨다.

『미래세에 만약 어떤 선남자 선녀인이 이 지장보살의 이름을 듣고 혹 합장하는 자, 예배하는 자, 흠모하는 자는 삼십 겁 죄를 벗어나리라.

보광보살이여! 만약 어떤 선남자 선녀인이, 혹 지장보살의 형상을 그리거나, 혹은 흙·돌·아교·칠·금·은·동·철 등으로 상을 조성하여 한번이라도 예배하는 자는, 백번을 삼십삼천에 태어나고 영원히 악도에 떨어지지 않으리라.

가령, 천복이 다하여 인간으로 하생하더라도 오히려 국왕이 되어 큰 이익을 잃지 않으리라.

만약에 어떤 여인이 여자 몸을 싫어한다면, 지장보살의 화상이나 흙·돌·아교·칠·동·철 등으로 조성한 상에 정성을 다하여 공양을 올리되, 날마다 물러서지 않고 항상 꽃이나 향·음식·의복·비단·당

·번·돈·보물 등으로 공양하면, 이 선녀인은 한번 받은 여자 몸이 다하면, 백천만겁토록 다시는 여인이 있는 세계에도 나지 않을 것인데, 하물며 다시 여자 몸을 받으랴. 다만, 자비원력으로 중생을 제도하기 위해 짐짓 받는 여자 몸은 말할 것이 없느니라.

이 지장보살을 공양한 힘과 지장보살의 공덕을 입은 까닭으로 백천만겁토록 다시는 여자 몸을 받지 않느니라.

보광보살이여! 또, 만약 어떤 여인이 추하고 병이 많은 것을 싫어한다면, 다만 지장보살 존상 앞에서 한식경 동안을 지극한 마음으로 우러러 절만 하더라도, 이 사람은 천만겁 동안에 태어나는 몸이 모습이 원만하고 모든 질병이 없을 것이며, 이 여인이 여자 몸을 싫어하지 않는다면 백 천만 억겁 동안에 항상 왕녀나 왕비가 되고, 재상이나 명문가의 딸이 되어, 단정하게 태어나고 모든 상이 원만하리라.

지장보살을 지극한 마음으로 우러러 절을 한 까닭으로 이런 복을 얻느니라.

보광보살이여! 또, 만약 어떤 선남자 선녀인이 능히 지장보살의 상 앞에서 갖가지 기악을 지으며, 노래를 불러 찬탄하고 향과 꽃으로 공양하되, 한 사람에게나 많은 사람에게 이를 권하더라도, 이러한 무리는 현세와 미래세에 항상 백 천의 귀신들이 밤낮으로 보호하여서, 나쁜 일은 귀에도 들리지 않게 할 것인데, 하물며 여러 횡액을 직접 받으랴.

보광보살이여! 또, 미래세에 만약 어떤 악인·악신·악귀가 있어 선남자 선녀인이 지장보살께 귀의하여 공경하고 공양하며 찬탄하고 우러러 예배하는 것을 보고서, 혹은 망령되이 꾸짖어 훼방하거나, 아무 공덕도 이익도 없는 것이라고 하면서, 혹은 이빨을 드러내어 비웃고, 혹은 돌아서서는 비난하며, 혹은 남에게 권하여 함께 비난하고, 혹은 한 사람에게나 많은 사람에게도 비난하며, 한 생각이라도 헐뜯고 비방한다면, 이런 사람은 현겁의 천불이 멸도하신 뒤까지라도, 그 죄보로 아비지옥에 빠져서 극중한 죄를 받고, 이겁이 지나서는 겨우 아귀가 되고, 또 천겁이 지나야 축생이 되고, 또 다시 천겁이 지나서야 비로소 사람의 몸을 얻게 되느니라.

비록 사람의 몸을 얻었어도, 가난하고 미천하며 불구자가 되고, 게다가 악업이 그 몸에 잔뜩 맺혀서 이내 또 다시 악도에 떨어지느니라.

보광보살이여! 딴 사람이 공양 올리는 것을 헐뜯고 비방하여도 오히려 이런 보를 받는데, 하물며 다른 악한 마음을 내어서 훼방하고 없애려 함에야 어떠하겠는가?

보광보살이여! 또, 만약 미래세에 어떤 남자나 여인이 오래 병상에 누워, 살고자 하여도 죽으려 하여도 마음대로 되지 않고, 혹은 꿈속에 악귀나 집안 친

족과 험한 길을 헤매며, 혹은 도깨비에 홀리고, 귀신과 함께 놀고 하여 세월이 감에 따라 점점 정신이 흐려지고, 자면서도 처참하게 소리치며 괴로워하는 자는, 이것은 다 업도에서 죄의 경중을 결정하지 못하여서 죽기도 어렵고 나을 수도 없게 된 것이니, 남녀의 속된 눈으로는 판단할 수 없느니라.

이러할 때는, 다만 모든 불보살의 상 앞에서 이 경을 높은 소리로 한번이라도 읽고, 또는 병자가 아끼는 것들, 의복이나 보배나 장원이나 사택을 놓고서, 그 병자 앞에서 높은 소리로 외치되,

"우리들은 병자를 위해서 경전과 불상을 모신 앞에 이 재물을 바치는데, 혹은 경과 불상에 공양하고, 혹은 불보살의 형상을 조성하고, 혹은 탑이나 절을 짓고, 혹은 등불을 켜고 혹은 절에 시주합니다."고, 이렇게 세 번을 말하여 병자가 알아듣도록 하라.

한편으로, 병자가 모든 의식이 흐트러지고 기운이

다한 자라도, 하루나 이틀, 사흘 내지 이레 동안만 큰 소리로 그렇게 말해 주고, 큰 소리로 독경하면, 이 사람은 명을 마친 뒤에 오랫동안 지은 허물과 중죄로 오무간지옥에 가게 되었더라도 영원히 해탈하고, 나는 곳마다 항상 숙명을 알 것인데, 하물며 선남자 선녀인이 스스로 이 경을 쓰고 혹은 남에게 쓰게 하고, 혹은 스스로 지장보살의 형상을 조성하고 그리며, 혹은 남에게 조성하고 그리게 한다면, 받게 되는 과보가 얼마나 크겠는가?

이러하므로, 보광보살이여! 만약 어떤 사람이 이 경을 독송하고, 한 생각이라도 이 경을 찬탄하며, 혹은 이 경을 공경하는 자를 보거든, 그대는 꼭 백·천 방편으로 이들에게 권하여서 애써 하려고 하는 마음이 물러나지 않도록 하라. 그러면, 능히 미래와 현재에 백 천 만 억의 불가사의한 공덕을 얻게 되리라.

보광보살이여! 또, 만약 미래의 세상에 모든 중생

이 꿈이나 잠결에 귀신들의 여러 형상이 나타나, 혹은 슬퍼하고, 혹은 울며, 혹은 근심하고, 혹은 탄식하고, 혹은 두려워 떠는 것을 보게 됨은, 이는 모두 다 한 생이나 열 생·백 생·천 생의 과거세의 부모·형제·자매·부부·권속들이 악도에서 벗어나지 못하여, 복력으로 구해 줄 곳이 아무데도 없으므로 할 수 없이 숙세혈육에게 호소하여 벗어나기를 원하는 것이니라.

보광보살이여! 그대는 신력으로 이러한 권속들을 시켜서, 모든 불보살의 상 앞에 지극한 마음으로 이 경을 읽게 하여서 세 번이나 일곱 번을 읽으면, 그 악도의 권속들이 경 읽는 소리가 편수를 마치자마자 바로 해탈하고, 또 꿈이나 잠결에도 귀신들이 다시는 나타나지 않으리라.

보광보살이여! 또, 미래세에 어떤 미천한 사람들이 혹은 노비나 부자유한 사람들이, 숙세의 업보인 것을 깨닫고 참회하고자 하거든, 지극한 마음으로 지장보살의 형상에 우러러 절하면서 칠일 동안 보살의 명호를 염하여 만 번을 채우라. 그러면, 지금의 과보가 다한 뒤에는, 천 만생 동안에 항상 존귀하게 태어나고, 다시는 악도의 고통을 겪지 않으리라.

보광보살이여! 또 만약 미래세에 염부제 안에 사는 찰리족이나 바라문 · 장자 · 거사나, 다른 종족의 어떤 사람이든 갓난아기가 있다면, 남자든 여자든 칠일 안으로 이 불가사의한 경전을 읽어주고, 또 지장보살의 명호를 염하여 만 번을 채워주면, 이 애기에게 있던 숙세의 몹쓸 죄보가 풀어지고, 안락하게 잘 자라며 수명도 더 늘게 되리라. 만약, 복을 타고난 애기라면 더욱 안락하고 수명도 더하게 되리라.

보광보살이여! 또 미래세의 중생은 달마다 1일 · 8일 · 14일 · 15일 · 18일 · 23일 · 24일 · 28일 · 29일 · 30일에는 모든 죄를 모아 그 경중을 결정하느니라.

남염부제 중생으로서 몸을 움직이고 생각하는 것이 업 아닌 것이 없고, 죄 아닌 것이 없거늘, 하물며 방자한 마음으로 살생하고 도둑질하며 사음하고 거짓말하는 백 천 가지 죄상이겠는가?

만약, 능히 이 십재일에 불·보살과 모든 성현의 상 앞에서 이 경전을 한번 읽으면, 동서남북 백 유순 안에서는 모든 재난이 없어지고, 그가 사는 집안의 어른이나 아이들이 현재와 미래의 백 천세에 영원히 악도를 벗어날 것이며, 이 십재일마다 한 번씩 읽으면 현재의 그 집안에 모든 횡액이나 질병이 없어지고 의식이 풍족하리라.

이러하므로 보광보살이여! 지장보살에게는 이처럼 말로 다 할 수도 없는 백 천 만억 대위신력의 이익되는 일이 있다는 것을 마땅히 알도록 하라.

염부제의 중생은 이 대사와 큰 인연이 있나니, 이 중생이 이 지장보살의 이름을 듣고 이 보살의 형상을 보며, 이 경에 석자 다섯 자 혹은 한 게송 한 글귀라도 듣는 자는 현재에 아주 안락하고, 닥쳐오는 미래세의 백 천 만 생을 항상 존귀한 가문에 태어나 단정한 몸을 받으리라.』

이때 보광보살이 부처님께서 지장보살을 찬탄하시는 것을 듣고는 무릎 꿇어 합장하고 다시 부처님께 여쭈었다.

『세존이시여! 저는 이 대사께서 지닌 불가사의한 신력과 큰 서원력을 알은 지 오래이오나, 미래 중생에게 알려서 이익을 주기 위하여 짐짓 부처님께 여쭈었나이다.

세존이시여, 이 경을 어떻게 이름 지으며, 저희가 어떻게 널리 펴지게 하오리까? 오직 분부를 모시고자 하옵니다.』

부처님께서 보광보살에게 이르셨다.

『이 경은 대체로 이름이 셋이니라. 하나는 지장본

원이며, 하나는 지장본행이고, 하나는 지장본원서력경이라 이름 하느니라. 이 보살이 멀고 먼 겁으로 오며 중대한 서원을 발원하고 중생에게 이익을 주어왔으니, 이런 까닭으로 그대들은 이 원에 따라 세상에 널리 펴도록 하라.』

보광보살이 부처님의 말씀을 깊이 새겨듣고는 합장하여 공경스럽게 절하고 물러갔다.

제7품

이익존망품

그때, 지장보살이 부처님께 아뢰었다.

『세존이시여! 제가 이 염부제의 중생을 살펴보니 몸을 움직이고 생각하는 것이 죄 아님이 없나이다. 혹 훌륭한 이를 만나더라도 대개가 처음에 낸 마음이 물러갑니다. 혹 악한 인연을 만나면 생각 생각에 나쁜 것을 더해 갑니다. 이런 무리들은 마치 무거운 돌을 지고 진흙길을 걷는 것 같아서, 갈수록 지치고 더 무거워서 발은 깊숙이 빠져드는 것과 같나이다.

다행히 선지식을 만나게 되면, 그 짐을 덜어서 져다 주기도 하며, 혹은 짐을 모두 져다주기도 합니다.

이는 선지식에게 큰 힘이 있기 때문에, 다시 서로 붙들어 도와주어 다리를 튼튼하게 하여서, 평지에 이르게 되면 나쁜 길을 살펴보아 다시는 지나가지 않도록 하여줍니다.

세존이시여! 악을 익힌 중생은 하찮은 것에서 문득 한량없는 죄를 저지르고 맙니다. 이런 악습이 있는 중생이 임종할 때는, 그 남녀권속들이 마땅히 그를 위해 복을 닦아 앞길을 도와주되, 혹은 깃발을 달고 등불을 밝히며, 혹은 존중한 경을 읽어주고, 혹은 불상과 성상에 공양하며, 내지 부처님과 보살 · 벽지불을 염하되, 한분의 명호를 한번 부르더라도 임종하는 사람의 귀에 들어가게 하고, 혹은 본식에 들게 하면, 그런 중생이 지은 악업으로써는 반드시 나쁜 곳에 떨어질 것이로되, 그 권속들이 임종하는 이를 위해 성스런 인을 닦았으므로 그러한 뭇 죄가 다 소멸되옵니다.

만약, 그가 죽은 뒤 칠칠일 안에 다시 여러 가지 좋은 공덕을 지어주면, 능히 그 중생으로 하여금 영원히 나쁜 곳을 여의게 하고, 인간이나 천상에 태어나 아주 묘한 낙을 받게 하며, 현재의 권속들도 이익이 한량없사옵니다.

이런 까닭으로, 제가 이제 부처님을 모시고 천 · 용 · 팔부와 사람, 사람 아닌 모든 무리에 대하여, 염부제 중생이 임종하는 날, 삼가 살생하지 말고, 악연을 짓지 말며, 귀신이나 도깨비들에게 제사 지내고 절하여 구하지 말도록 권하여 주기 바라옵니다.

왜냐 하오면, 저 산 목숨을 죽이거나 귀신에게 제사 지내는 것으로는 털끝만큼도 망인을 이롭게 하는 힘이 없을 뿐만 아니라, 죄의 인연만 맺어서 더욱 깊고 무겁게 하기 때문입니다.

설사, 내세나 현생에 성스러운 연분을 얻게 되어, 인간이나 천상에 태어나게 되었더라도, 임종할 때에 그 권속들이 악을 지으면, 그 원인으로 이 죽는 사람에게 큰 해로움을 주게 되어 좋은 곳에 태어남이 늦어지거늘, 하물며 임종하는 사람이 생전에 일찍이 조그마한 착한 일도 하지 않았다면, 본래 지은 업을 따라 스스로 악도를 받아 갈 것인데, 어찌 권속들이 업을 또 보태야 되겠습니까?

비유하자면, 어떤 사람이 먼 곳에서 오는데 굶은 지 사흘이 되고, 짊어진 물건은 백 근이 넘는데, 우연히 이웃사람을 만나 또 작은 보따리를 받아 덧붙여 짊어진다면, 더욱 지쳐버리는 것과 같나이다.

세존이시여! 제가 보아하니 염부제 중생이 능히 모든 부처님의 가르치심 가운데서, 작은 일을 한 터럭·한 물방울·한 모래알·한 티끌만큼만 하였더라도, 이로 인한 이익은 모두 다 자기가 얻게 되옵니다.』

이 말씀을 하셨을 때, 회중에 한 장자가 있어 이름을 '대변'이라 하였다. 대변장자는 오래 전에 무생을 증득하고 시방중생을 교화하느라고 장자의 몸으로 나투었는데, 합장하고 공경스럽게 지장보살께 여쭈었다.

『대사시여, 이 남염부제 중생이 명을 마친 뒤에 그의 권속들이 공덕을 닦거나, 재를 베풀어 여러 가지 좋은 인연을 맺어준다면, 죽은 사람이 큰 이익을 얻어 해탈케 되나이까?』

『내가 이제 미래와 현재의 모든 중생을 위하여 부처님의 위신력을 모시고서 그것을 좀 말씀드리리다.

대변장자여! 미래와 현재의 모든 중생이 임종할 때, 한 부처님 명호나, 한 보살님 명호나, 한 벽지불의 명호만 들어도, 죄가 있고 없고를 물을 것 없이 다 해탈하게 됩니다.

만약에 어떤 남자나 여인이 살아 있을 적에 착한 인연을 닦지 않고, 여러 가지 죄만 잔뜩 지었더라도, 명을 마친 뒤에 대소권속들이 그를 위해 온갖 거룩한 일을 닦아 복되게 하여주면, 그 공덕의 7분의 1

은 망인이 얻고, 나머지 공덕은 산 사람의 차지가 됩니다. 이러하므로, 미래와 현재의 선남자 선녀인들은 이 말을 명심해서 스스로 닦아야 그 공덕을 모조리 얻게 됩니다.

죽음의 귀신이 기약 없이 닥쳐오면, 어둠 속을 헤매는 혼신이 자신의 죄와 복을 알지 못하고, 사십구일 동안을 바보처럼 귀머거리처럼 되었다가, 중생의 죄업을 심판하는 곳에서 지은 업의 옳고 그름을 따져 심판받고, 그것을 결정한 뒤에야 그의 업대로 다시 태어나게 됩니다. 앞길을 예측할 수 없는 그 사이에도 근심과 고통이 천만가진데, 하물며 저 악도에 떨어졌을 때야 오죽하겠습니까?

이 명을 마친 사람이 아직 새로운 생을 받지 못하는 사십구일 동안에는, 생각 생각에 혈육권속들이 그를 위해 복을 지어 고통에서 구출하여 주기를 바라다가 사십구일이 지나면 업 따라 보를 받게 됩니다.

만약, 그가 죄인이라면 천년 · 만년을 지나도 해탈할 날이 없을 것이요, 만약 무간죄를 지어서 대지옥에 떨어진다면 천겁 · 만겁토록 길이 온갖 고통을 받게 됩니다.

대변장자여! 또, 이런 죄업중생이 생명을 다한 뒤에 혈육권속들이 망자를 위해 재를 베풀어 가는 길을 도와주되, 아직 재 의식을 마치기 전이나 재를 마련할 적에 쌀뜨물이나 채소찌꺼기 등을 함부로 땅에 버리지 말고, 모든 음식을 부처님과 스님께 올리기 전에 먼저 먹지 말아야 합니다.

만약, 이를 어겨 먼저 먹거나 정근치 않으면, 이 망자는 결국에 복력을 얻지 못하게 됩니다. 만약, 능히 정성스럽고 깨끗하게 부처님과 스님께 받들어 올리면, 이 망자가 그 공덕의 7분의 1을 얻게 됩니다.

대변장자여! 이러하므로, 염부제 중생이 능히 그 부모나 권속을 위하여, 목숨이 다한 뒤에 재를 베풀어 공양하되, 지극한 마음으로 정성껏 하면, 죽은 사람도 산 사람도 다 함께 이익을 얻게 됩니다.』

이 말씀을 하셨을 때, 도리천궁에 있던 천 만억 나유타의 염부제 귀신들이 모두 다 한량없는 보리심을 발하였고, 대변장자는 가르침을 받들고 기뻐하면서 절하고 물러갔다.

제8품

염라왕중찬탄품

그때 철위산 속 한량없는 귀왕들이 염라천자와 더불어 도리천에 올라와 부처님 처소에 이르렀다.

이를테면, 악독귀왕 · 다악귀왕 · 대쟁귀왕 · 백호귀왕 · 혈호귀왕 · 적호귀왕 · 산앙귀왕 · 비신귀왕 · 전광귀왕 · 랑아귀왕 · 천안귀왕 · 담수귀왕 · 부석귀왕 · 주모귀왕 · 주화귀왕 · 주복귀왕 · 주식귀왕 · 주재귀왕 · 주축귀왕 · 주금귀왕 · 주수귀왕 · 주매귀왕 · 주산귀왕 · 주명귀왕 · 주질귀왕 · 주험귀왕 · 삼목귀왕 · 사목귀왕 · 오목귀왕 · 기리실왕 · 대기리실왕 · 기리차왕 · 대기리차왕 · 아나타왕 · 대아나타왕 같은 이런 큰 귀왕들이 각기 백 천의 작은 귀왕들을 데리고 모두 염부제에 살면서, 각각 맡은 소임이 있고 각기 머무는 곳이 따로 있었다. 이 모든 귀왕들이 염라천자와 더불어 부처님의 위신력과 지장보살의 거룩한 힘을 받들어 함께 도리천에 올라와 한쪽에 서 있었다.

이때에 염라천자가 무릎 꿇어 합장하고 부처님께 여쭈었다.

『세존이시여! 저희들이 이제 모든 귀왕들과 더불어 부처님의 위신력과 지장보살마하살의 신력을 받들고 이 도리천궁의 큰 법회에 오게 된 것은, 역시 저희들도 좋은 이익을 얻기 때문이옵니다. 제가 이제 조금 의심되는 일이 있어서, 세존께 감히 여쭈오니, 자비로 저희들을 위해 말씀하여 주옵소서.』

부처님께서 염라천자에게 말씀하셨다.

『그대는 마음대로 물어라. 내가 그대들을 위해 말해주리라.』

이때, 염라천자가 세존을 우러러 예배드리고는 지장보살님을 돌아보고 부처님께 아뢰었다.

『세존이시여! 제가 지장보살님을 살펴보니, 육도 중에 계시면서 백·천 가지 방편으로 고통 받는 중생을 건지며, 피로도 괴로움도 마다하지 않으십니다.

이 대보살에게는 이와 같은 불가사의한 신통한 일이 있사오나, 그래도 모든 중생은 죄보에서 벗어났다가도 오래지 않아 또 악도에 빠지나이다.

세존이시여! 이 지장보살에게는 이미 그런 불가사의한 신력이 있는데도, 어찌하여 중생은 선도에 의지하여 영원한 해탈을 얻지 못하옵니까?

세존이시여! 저를 위하여 말씀하여 주옵소서.』

부처님께서 말씀하셨다.

『남염부제 중생은 그 성품이 억세고 거칠어서 조복하기가 어렵고 어려워도, 이 대보살이 백·천겁으로 그런 중생을 하나하나 구해내어 일찍이 해탈토록 하고 있느니라. 그러한 죄인들을, 모진 악도에 떨어진 중생까지도 보살이 방편력으로 그들의 근본업연에서 구출하여 숙세의 일을 깨닫게 해주건만, 이 염부제 중생은 스스로 악습이 무겁게 맺혀있어서, 금방 나왔다가 또 금방 들어가곤 하므로, 이 보살이 수고롭게도 여러 겁으로 오래 제도하여야 하느니라.

비유하자면, 어떤 사람이 미혹하여 본집을 잃고 험한 길로 잘못 들어섰는데, 그 길에는 숱한 야차와 호랑이·사자·독사 따위가 있어서, 그 사람이 이 길에 들어서자마자 저 여러 악독한 짐승들과 곧 마주치게 되었다.

그때, 한 선지식이 있어서, 큰 술법을 가지고 모든 악독한 것들을 잘 막아 낼 수 있는 분이었는데, 갑자기 미혹한 사람이 그 험한 길로 가고자 하는 것을 보고 이 선지식이 말하였다.

"이 딱한 사람아! 어쩌자고 이런 길로 들어섰는가?

무슨 기이한 술법이라도 있어서 저 모든 사나운 것들을 막아낼 수 있다는 말인가?"

그 사람이 문득 이 말을 듣고서야 비로소 험한 길임을 깨닫고, 곧 물러서며 거기서 벗어나고자 하였다. 이때 그 선지식이 손을 잡고 이끌어 독물을 막으며 좋은 길로 인도하여 안전하게 해주고는 또 말하였다.

"딱한 사람아, 이 다음부터는 저 길을 다시는 밟지 말게. 저 길로 들어가면 좀처럼 벗어날 수 없고, 더구나 목숨을 잃게 된다네."

길을 잃었던 사람은 깊이 감동하였다. 서로 작별할 때에 선지식이 또 말하기를,

"만약 모든 길가는 사람을 보거든, 친지거나 아니거나, 남자든 여자든 간에, 저 길에는 여러 가지 사납고 독한 것들이 많아서 목숨을 잃게 된다고 말해주어, 그들이 스스로 죽음을 취하지 않도록 하게."

라고 하는 것과 같으니라.

이렇게 지장보살이 대자대비를 갖추어 죄고중생을 구출하여 천상이나 인간에 태어나게 하고 묘락을 누리게 해주면, 그들이 업도의 괴로움을 알고서 거기를 벗어나 다시 겪지 않는 것은, 저 길 잃은 사람이 험한 길에 잘못 들어갔다가 선지식을 만나 이끌려 나오게 되어 영원히 다시는 들어가지 않는 것과 같고, 또 다른 사람들 만나서도 들어가지 말도록 권하면, 자연히 이 미혹한 것으로부터 해탈게 되고, 다시는 악도에 들어가지 않는 것과 같으니라.

만약 거듭 그 길을 밟는다면, 아직도 미혹하여 옛적에 빠졌던 험한 길임을 깨닫지 못하고, 혹은 목숨을 잃기도 하나니, 마치 악도에 떨어진 중생을 지장보살이 방편력으로 해탈케 하여 인간이나 천상에 태어나게 하여도, 얼른 또 다시 악도에 들어가는 것과 같으니라. 만약 업이 무겁게 맺혔다면, 길이 지옥에 처하게 되어 벗어날 때가 없으리라.』

이때 악독귀왕이 합장하고 공경스럽게 부처님께 아뢰었다.

『세존이시여! 저희들 귀왕은 그 수가 한량없사옵니다. 염부제에 있으면서 혹은 사람에게 이익을 주기도 하고, 혹은 사람에게 손해를 끼치기도 하는데, 각각 다른 것은 업보로 그러하옵니다.

제가 권속들을 시켜 세계를 돌아다니게 하여보면, 악한 것이 많고 선한 것은 적사옵니다. 사람의 가정이나 혹은 성읍·마을·장원·주택을 지나다가, 혹 어떤 남자나 여인이 터럭만큼이라도 착한 일을 하는 것을 보면, 이를테면 불법을 찬양하는 깃발이나 번을 하나 달든지, 약간의 향과 꽃을 불·보살상 앞에 올리든지, 혹은 존중하는 경전을 독송하면서 한 글귀·한 게송에 향을 사루어 모시든지 하는 것만 보아도, 저희들 귀왕은 이 사람에게 경례하되, 과거·현재·

미래의 모든 부처님과 같이 하옵니다. 또한 큰 힘이 있거나, 토지를 맡는 작은 귀신들로 하여금 이들을 보호토록 하여, 몹쓸 횡액과 모진 병과 뜻과 같지 않은 일들이 그 집에 얼씬도 못하게 할 것인데, 하물며 그 집안에 들게 하겠습니까?』

부처님께서 귀왕을 찬탄하셨다.

『착하고 착하구나. 그대들이 염라천자와 더불어 능히 그렇게도 선남자 선녀인을 옹호한다니, 나도 역시 범왕, 제석에게 일러서 그대들을 보호토록 하리라.』

이 말씀을 하실 때, 회중에 있던 주명귀왕이 부처님께 아뢰었다.

『세존이시여! 저는 본 업연으로 염부제 사람의 수명을 맡았나이다. 날 때나 죽을 때를 제가 모두 주관하옵니다. 제 본원으로는 저들을 매우 이롭게 하려는 것이오나, 중생은 제 뜻을 헤아리지 못하고, 나고 죽으면서 모두가 편안하지를 못하옵니다.

이 염부제 사람들이 처음 아기를 낳을 때에, 남녀를 가리지 않고 출산할 즈음에, 착한 일만 하여 집안을 더 이롭게 하면, 자연히 토지신이 한없이 기뻐하면서 애기와 어머니를 옹호하여 아주 편안토록 하고 권속도 이롭게 하나이다.

낳은 뒤에는 삼가 살생을 하지 말아야 하는데도, 여러 가지 비린 것을 장만하여 산모에게 먹이며, 또 권속들이 모여 술을 마시고 고기를 먹으며 노래를 부르고 풍악을 울리며 즐긴다면, 모자로 하여금 편안치 못하게 하는 것이 되옵니다.

왜냐 하오면, 해산을 할 때면 무수한 악귀와 도깨비들이 비린내 나는 피를 먹으려 하는 것을, 제가 사택·토지의 신들로 하여금 모자를 잘 돌보게 하여서 편안케 해주었나이다. 그 사람들이 안락한 것을 보고서는, 마땅히 복을 베풀어 토지신들에게 보답해야 될 터인데, 도리어 산목숨을 죽여서 권속들이 잔치를 벌

이오니, 이로써 재앙을 스스로 범하고 받으며, 모자에게도 함께 손해를 끼치게 되옵니다.

또, 염부제에서 임종하는 사람이면 선악을 묻지 않고 악도에 빠지지 않도록 제가 애를 쓰고 있사온데, 하물며 스스로 착한 일을 하여서 저의 힘을 도와주는 사람이겠나이까.

이 염부제에서는 선행을 하였다는 사람이 임종할 때도 역시, 백 천이나 되는 악독한 귀신들이, 혹 부모나 권속으로 둔갑하여 나타나 망인을 이끌어 악도에 빠지게 하거늘, 하물며 본래로 악을 지은 자야 오죽하겠습니까?

세존이시여! 이러한 염부제의 남자나 여인이 임종할 때에, 정신이 흐리고 어두워서 선악을 분간하지 못하고, 눈과 귀로는 전혀 보고 듣지 못하나이다. 이러하므로, 그 권속들은 꼭 큰 공양을 베풀고 존중하는 경을 읽으며 불보살의 명호를 염하여야 되옵니다.

이러한 좋은 인연은, 능히 망자로 하여금 모든 악도를 벗어나게 하고, 모든 마귀신을 흩어지게 하여 물러가게 하옵니다.

세존이시여! 일체중생이 임종할 때 만약 한 부처님 명호나 한 보살님 명호만 들어도, 혹은 대승경전의 한 구절 한 게송만 들어도, 제가 보니 이런 사람들은 오무간지옥에 갈 살생죄도 없어지고, 조그마한 악업으로써 악도에 떨어질 자는 바로 해탈케 되옵니다.』

부처님께서 주명귀왕에게 이르셨다.

『그대는 크게 자비하여 능히 그러한 큰 원을 세우고, 나고 죽는 곳에서 모든 중생을 보호하는구나. 만약 미래세에 어떤 남자나 여인이 나고 죽고 할 때에, 그대는 그 서원을 저버리지 말고, 모두들 해탈시켜 영원히 안락하도록 하라.』

주명귀왕이 부처님께 말씀드렸다.

『바라옵건대, 염려하지 마시옵소서. 제가 이 몸이

다하도록 생각 생각에 염부제 중생을 옹호하여, 날 때나 죽을 때에 모두 안락을 얻게 하겠나이다. 다만, 그들이 제 말을 믿고 모두가 해탈하여서 큰 이익을 얻는 것만이 제 소원이옵니다.』

이때 부처님께서 지장보살에게 말씀하셨다.

『수명을 맡은 이 대귀왕은 이미 백 천생을 지내면서 대귀왕이 되어, 나고 죽는 곳에서 중생을 옹호하고 있지만, 이는 보살이 자비원력으로 대귀왕의 몸을 나타낸 것이요, 실은 귀왕이 아니니라. 앞으로 일백칠십 겁을 지나서 이 대귀왕은 성불할 것이며, 명호를 무상여래라 하고, 겁의 이름은 안락이며, 세계의 이름은 정주이고, 그 부처님 수명은 헤아릴 수 없는 겁이 되리라.

지장보살이여! 이 대귀왕의 일이 이렇게 불가사의하고, 그가 제도한 천상사람과 세간 사람도 또한 한량이 없느니라.』

제9품

칭불명호품

그때, 지장보살마하살이 부처님께 아뢰었다.

『제가 지금 미래중생을 위해서 이익될 일을 연설하여 생사고해 중에서 큰 이익을 얻도록 할까 하오니, 세존께서는 허락하여 주시옵소서.』

부처님께서 말씀하셨다.

『그대가 이제 자비심을 일으켜 육도의 모든 고통받는 중생을 건져내려고, 불가사의한 일을 말하고자 하는구나. 지금이 바로 그때로다. 마땅히 어서 설할지니라. 나는 곧 열반하리니, 그대의 그 원을 빨리 마치게 된다면, 나도 또한 현재와 미래의 일체 중생에게 근심이 없게 되리라.』

지장보살이 말씀드렸다.

『세존이시여! 과거 한량없는 아승지 겁에 부처님이 세상에 출현하셨으니 호를 무변신여래라 하였사옵니다. 만약, 어떤 선남자나 선여인이 이 부처님 명호를 듣고 잠깐이라도 공경심을 낸다면, 바로 사십 겁의 생사중죄를 벗어나게 되거늘, 하물며 그 부처님의 형상을 그리거나 만들어 공양하고 찬탄함이리까. 그 사람은 한량없고 끝이 없는 복을 얻으리다.

또, 과거 항하사 겁에 부처님이 세상에 출현하셨으니 호를 보승여래라 하였사옵니다. 만약 어떤 선남자나 선여인이 이 부처님 명호를 듣고 손가락 한번 튕기는 사이라도 귀의하는 마음을 낸다면, 이 사람은 무상도에서 영원히 퇴전치 않으리다.

또, 옛적에 부처님이 세상에 출현하셨으니 호를 파두마승여래라 하였사옵니다. 만약 어떤 선남자나 선여인이 이 부처님 명호를 들어서 귀를 거치게 되면, 이 사람은 마땅히 육욕천에 천 번을 태어날 것인데, 하물며 지극한 마음으로 염불함이리까.

또, 과거 말로 할래야 할 수도 없는 아승지 겁에 부처님이 세상에 출현하셨으니 호를 사자후여래라 하였사옵니다. 만약 어떤 선남자나 선여인이 이 부처님 명호를 듣고 일념으로 귀의하면, 이 사람은 한량없는 여러 부처님을 만나 뵙고 마정수기를 받으리다.

또, 옛적에 부처님이 세상에 출현하셨으니 호를 구류손불이라 하였사옵니다. 만약 어떤 선남자나 선여인이 이 부처님 명호를 듣고 지극한 마음으로 우러러 예배하고 더구나 또 찬탄한다면, 이 사람은 현겁의 천불회상에서 대범천의 하느님이 되어 으뜸가는 수기를 받으리다.

또, 옛적에 부처님이 세상에 출현하셨으니 호를 비바시불이라 하였사옵니다. 만약 어떤 선남자나 선여인이 이 부처님 명호를 들으면, 길이 악도에 떨어지지 않고 항상 인간이나 천상에 태어나 아주 묘한 낙을 받으리다.

또, 과거 무량 무수한 겁에 부처님이 세상에 출현하셨으니 호를 다보여래라 하였사옵니다. 만약 어떤 선남자나 선여인이 이 부처님 명호를 들으면, 끝내 악도에 떨어지지 않고 항상 천상에 있으면서 아주 묘한 낙을 받으리다.

또, 옛적에 부처님이 세상에 출현하셨으니 호를 보상여래라 하였사옵니다. 만약 어떤 선남자나 선여인이 이 부처님 명호를 듣고 공경심을 낸다면, 이 사람은 오래지 않아 아라한과를 얻으리다.

또, 과거 무량무수 겁에 부처님이 세상에 출현하셨으니 호를 가사당여래라 하였사옵니다. 만약 어떤 선남자나 선여인이 이 부처님 명호를 들으면, 곧 일백대겁 동안 나고 죽고 한 죄를 벗어나게 되옵니다.

또, 옛적에 부처님이 세상에 출현하셨으니 호를 대통산왕여래라 하였사옵니다. 만약 어떤 선남자나 선여인이 이 부처님 명호를 들으면, 이 사람은 항하 모래수와 같은 많은 부처님을 만나서 널리 설법하심을 듣고 반드시 깨달음을 이루리다.

또 옛적에 정월불 · 산왕불 · 지승불 · 정명왕불 · 지성취불 · 무상불 · 묘성불 · 만월불 · 월면불 같은 말할 수도 없는 여러 부처님이 계셨나이다.

세존이시여! 현재나 미래의 일체중생이, 만약 하늘이거나 인간이거나, 남자거나 여자거나, 다만 한 부처님 명호만 생각하여도 그 공덕이 한량없는데, 하물며 많은 부처님 명호를 생각한다면 얼마나 많겠습니까? 이 중생은 날 때나, 죽을 때나 스스로 큰 이익을 얻어 끝내 악도에 빠지지 않으리다.

만약 임종하는 사람이 있다면, 그 집안 권속이 한 사람이라도 이 병자를 위하여 큰소리로 한 부처님 명호만 생각하여도, 명을 마치는 이 사람은 오무간대죄가 없어지고 나머지 업보 따위도 다 소멸되옵니다.

이 오무간 대죄가 너무나 무거워서 비록 억겁을 지내어도 도저히 헤어날 수 없는 것이지만, 임종할 때 다른 사람이 그를 위해 부처님 명호를 불러 주어도 그러한 중죄가 또한 점차로 소멸되거늘, 하물며 그 중생 스스로가 염불하는 것이야 어떻겠습니까? 한량없는 복을 얻고, 한량없는 죄가 소멸되나이다.』

제10품

교량보시공덕품

그때, 지장보살마하살이 부처님의 위신력을 받들고 자리에서 일어나 무릎 꿇어 합장하고 부처님께 아뢰었다.

『세존이시여! 제가 업도중생의 보시공덕을 비교하여 헤아려 보니 가볍고 무거움이 있어서, 한생만 복을 받는 이도 있고, 열 생을 받는 이도 있고, 백 생, 천생토록 큰 복을 받는 이도 있사오니, 이것은 어찌된 일이옵니까? 세존이시여, 저를 위해 말씀하여 주옵소서.』

이때 부처님께서 말씀하셨다.

『내가 이제 일체대중이 모인 도리천궁 법회에서 염부제의 보시공덕의 경중을 비교하여 말하리니, 그대는 자세히 들으라. 내가 그대를 위해 말하리라.』

지장보살이 부처님께 아뢰었다.

『그것이 의심되오니, 즐거이 듣고자 하옵니다.』

부처님께서 말씀하셨다.

『남염부제에 있는 모든 국왕이나 재상·대신·대장자·대찰리·대바라문들이 가장 빈궁한 자나 꼽추·벙어리·귀머거리·장님 같은 여러 불구자를 만나서 이 대국왕 등이 보시하고자 할 때, 만약 능히 큰 자비심으로 하심하여 웃음을 머금고 손수 두루 보시하거나, 혹은 사람을 시켜 베풀고 부드러운 말로 위로한다면, 이 국왕 등이 얻게 되는 복리는 백 항하사 부처님께 보시한 공덕과 같으니라.

왜냐하면, 저런 높고 귀한 자리에 있는 이들이 가장 비천한 무리와 불구자들에게 큰 자비심을 낸 까닭이니라. 따라서 그만한 복이 생겨 백 천생에 언제나 칠보가 가득할 것인데, 하물며 의복과 음식 같은 일용품이겠는가?

지장보살이여! 또, 만약 미래세에 모든 국왕이나 바라문들이 부처님의 탑사나, 혹은 부처님 형상이나 보살 · 성문 · 벽지불의 형상을 만나 몸소 힘을 써서 마련하여 공양하고 보시한다면, 이 국왕 등은 마땅히 삼겁 동안 제석천의 하느님이 되어 아주 묘한 낙을 받으리라. 만약, 능히 이 보시한 복리를 법계에 돌리면, 이 대국왕 등은 십겁 동안에 항상 대범천의 하느님이 되리라.

지장보살이여! 또, 만약 미래세에 모든 국왕이나 바라문들이 옛 부처님의 탑묘나 경전 · 불상이 허물어지고 파손된 것을 보았을 때, 능히 마음을 내어서 보수하되, 이 국왕 등이 스스로 힘써 마련하거나, 혹은 딴 사람들에게 권하여서 보시인연을 많이 맺어준다면, 이 국왕 등은 백 천 생에 항상 전륜왕의 몸이 될 것이요, 함께 보시한 딴 사람들은 백 천 생에 항상 작은 국왕의 몸이 되리라. 더구나, 탑묘 앞에 회향할 마음을 낸다면, 이 같은 국왕과 저 모든 이들이 다 불도를 이루리니, 이 과보는 한량없고 끝이 없으리라.

지장보살이여! 또, 미래세에 모든 국왕이나 바라문들이 늙고 병든 자와 해산하는 부녀들을 보고서, 만약 한 생각 동안이라도 큰 자비심을 내어서 의약·음식·와구를 보시하여 편안케 하여 준다면, 이러한 복리는 아주 부사의 하여서 일백 대겁 동안을 항상 정거천의 하느님이 될 것이요,

이백 대겁 동안은 항상 육욕천의 하느님이 되리라. 그래서 영원히 악도에 떨어지지 않고 백 천 생에 괴로운 소리가 귀에 들리지도 않을 것이며, 필경에 성불하리라.

지장보살이여! 또, 만약 미래세에 모든 국왕이나 바라문들이 능히 이 같은 보시를 한다면 한량없는 복을 얻고, 더구나 능히 법계에 회향한다면 많고 적고를 물을 것 없이 필경엔 부처를 이루거늘, 하물며 제석·범천의 하느님이나 전륜왕의 과보이겠느냐?

그러므로 지장보살이여, 중생에게 널리 권하여 마땅히 이렇게 배우도록 하라.

지장보살이여! 또 미래세에 만약 선남자 선녀인이 불법 중에서 털끝만큼, 티끌만큼의 작은 선근을 심어도 받게 되는 복리는 뭣으로 비유할 수도 없느니라.

지장보살이여! 또, 미래세에 만약 어떤 선남자 선녀인이 부처님 형상이나 보살·벽지불·전륜왕의 형상을 만나서 보시 공양한다면, 항상 인간이나 천상에서 아주 묘한 낙을 받을 것이며, 만약 능히 법계에 돌리면 이 사람의 복리는 비유도 할 수 없느니라.

지장보살이여! 또, 미래세에 만약 어떤 선남자 선

녀인이 대승경전을 만나, 혹 한 게송, 한 구절을 듣고 소중한 마음을 내어 찬탄 공경하고 보시 공양한다면, 이 사람은 한량없고 끝없는 큰 과보를 얻고, 만약 능히 법계에 돌리면 그 복은 뭣으로도 비유할 수 없느니라.

지장보살이여! 또, 만약 미래세에 어떤 선남자 선녀인이 부처님의 탑사나 대승경전을 만나, 새것을 보시 공양하며 우러러 예배하고 찬탄 공경하며, 혹은 오래되어 헐고 무너진 것을 만나거든 보수하여 고치되, 혹은 혼자서 마음을 내어 하거나, 혹은 남에게 권하여 함께 하거나 한다면, 이런 이들은 삼십 생 동안을 항상 작은 국왕이 되고, 단월이 된 사람은 항상 전륜왕이 되어 착한 법으로써 작은 국왕들을 교화하리라.

지장보살이여! 또, 미래세에 만약 어떤 선남자 선녀인이 불법 중에서 혹은 보시 공양하고, 혹은 탑과

절을 보수하고, 혹은 경전을 잘 꾸며서 선근을 심되, 비록 한 터럭, 한 티끌, 한 모래, 한 물방울만한 착한 일이라도, 다만 능히 법계에 돌리면, 이 사람은 그 공덕으로 백 천 생에 으뜸가는 묘낙을 받으리라.

다만, 자기 집 권속이나 자신의 이익으로만 돌린다면, 이런 과보는 삼생의 낙이 될 뿐이니라.

하나로써 만 가지 복을 얻게 되나니, 지장보살이여, 보시의 인연이 이러하느니라.』

제11품
지신호법품

그때, 견뢰지신이 부처님께 아뢰었다.

『세존이시여! 제가 옛부터 오면서 한량없는 보살마하살을 우러러 정례하였사온데, 모두가 불가사의한 큰 신통력과 지혜로써 널리 중생을 제도하시지만, 이 지장보살마하살은 저 모든 보살들보다도 서원이 더 깊고 무겁나이다.

세존이시여! 이 지장보살은 염부제에 큰 인연이 있나이다. 저 문수·보현·관음·미륵보살도 역시 백천 가지 몸으로서 육도 중생을 제도하시지만, 그 원은 오히려 끝이 있사오나, 이 지장보살은 육도의 일체중생을 교화하시며 서원을 발한 겁수가 천백억 항하사와 같나이다.

세존이시여! 제가 살펴보니 미래나 현재의 중생이 사는 곳에서 남쪽 정결한 땅에 흙·돌·대·나무 등으로써 집을 지어, 그 속에 지장보살의 형상을 탱화나 금·은·동·철로 조성하여 모시고 향을 사루어 공양하며 우러러 예배하고 찬탄하면, 이 사람은 사는 곳에서 곧 열 가지 이익을 얻게 됩니다.

열 가지라 함은,

첫째, 토지에 풍년들고,

둘째, 집안이 언제나 편안하며,

셋째, 먼저 죽은 권속들이 천상에 태어나고,

넷째, 살아 있는 가족들은 수명이 늘어나고,

다섯째, 구하는 것이 뜻대로 되고,

여섯째, 화재나 수재가 없으며,

일곱째, 헛되이 소모되는 것이 없고,

여덟째, 사나운 꿈이 끊어지며,

아홉째, 출입할 때 신장이 보호하고,

열째로, 거룩한 인연을 많이 만나는 것이옵니다.

세존이시여! 미래세나 현세의 중생이 만약 머물러 사는 곳에서 능히 이러한 공약을 지으면 이와 같은 이익을 얻게 되옵니다.』

견뢰지신이 부처님께 또 아뢰었다.

『세존이시여! 미래세에 만약 어떤 선남자 선녀인이 살고 있는 곳에서 이 경전과 보살의 형상을 모시고, 이 사람이 능히 경전을 읽으며 보살에게 공양하면, 제가 언제나 밤낮으로 저의 본 신력으로써 이 사람을 호위하여, 물·불·도적과 크고 작은 횡액이나 온갖 나쁜 일은 다 없게 하오리다.』

부처님께서 견뢰지신에게 이르셨다.

『견뢰여! 그대의 큰 신력에는 모든 신들이 따르기 어렵도다. 왜냐하면 염부제의 토지가 모두 그대의 보호를 받으며, 풀·나무·모래·돌·곡식·보배 등 땅으로 해서 있는 것은 모조리 그대의 힘을 입기 때문이고, 또 그대가 지장보살의 이익에 대하여 찬탄하고 있으니, 그대의 공덕과 신통은 보통 지신들보다 백·천 배가 되느니라.

만약, 미래세에 어떤 선남자 선녀인이 지장보살께 공양하며 이 경전을 독송하되, 이 본원경에 의지하여 다만 한 가지 일이라도 실천한다면, 그대가 본 신력으로써 그를 옹호하여 온갖 재해와 여의찮은 일이 귀에 들리지도 않게 할 것인데, 하물며 받게 하겠느냐?

단지, 그대만이 이 사람을 옹호하는 것이 아니라, 또한 제석·범천의 하느님 권속이며, 온갖 하늘의 권속들도 이 사람을 옹호하느니라. 어찌하여 이러한 성현들의 옹호를 받게 되는고?

이는 다 지장보살의 형상에 우러러 예배하고, 이

《지장본원경》을 독송한 까닭이며, 필경에는 자연히 고해를 벗어나 열반락을 얻게 되므로 큰 옹호를 얻는 것이니라.』

제12품

견문이익품

그때, 세존께서 정수리 위로부터 백 천 만억의 큰 호상광을 쏟아 놓으셨다. 이른바,

『백호상광 · 대백호상광 · 서호상광 · 대서호상광 · 옥호상광 · 대옥호상광 · 자호상광 · 대자호상광 · 청호상광 · 대청호상광 · 벽호상광 · 대벽호상광 · 홍호상광 · 대홍호상광 · 녹호상광 · 대록호상광 · 금호상광 · 대금호상광 · 경운호상광 · 대경운호상광 · 천륜호광 · 대천륜호광 · 보륜호광 · 대보륜호광 · 일륜호광 · 대일륜호광 · 월륜호광 · 대월륜호광 · 궁전호광 · 대궁전호광 · 해운호광 · 대해운호광』이었다.

정수리 위에서 이런 호상광을 놓으시고는 미묘한 음성으로 천·용·팔부·사람·사람 아닌 모든 대중에게 이르셨다.

『듣거라. 내가 오늘 이 도리천궁에서 지장보살이 인간과 천상에 이익을 주는 부사의한 일과, 성현의 지위에 뛰어오르게 하는 일과, 십지를 증득한 일과, 필경엔 아뇩다라삼먁삼보리에서 물러서지 않게 하는 일들을 드높이 찬탄하리라.』

이 말씀을 하셨을 때, 회중에 있던 관세음보살이 자리에서 일어나 무릎 꿇어 합장하고 부처님께 아뢰었다.

『세존이시여! 이 지장보살마하살은 큰 자비를 갖추시고 죄고중생을 가엾이 여기시어 천 만억 세계에서 천 만억 몸으로 화현하시며, 지니신 공덕과 부사의한 위신력을 저는 이미 들었나이다. 세존께서는 시방의 한량없는 모든 부처님과 더불어 이구동성으로 지장보살을 찬탄하시옵는데, 어찌하여 과거·현재·미래의 모든 부처님이 그 공덕을 말씀하셔도 오히려 못 다 하옵니까? 또, 앞서도 세존께서 널리 대중에게 이르시며 지장보살의 이익에 대한 일을 찬양하고자 하심을 뵈었나이다.

세존이시여! 현재와 미래의 일체중생을 위하시여, 지장보살의 부사의한 일을 말씀하셔서, 천·용·팔부들로 하여금 우러러 예배하고 복을 얻게 하여 주시옵소서.』

부처님께서 관세음보살에게 이르셨다.

『그대는 사바세계에 큰 인연이 있노니, 만약에 하늘이거나 용이거나, 남자거나 여자거나, 신이거나 귀신이거나, 육도의 어떤 죄고중생이라도, 그대의 명호를 듣거나, 그대의 형상을 보거나, 그대를 흠모하거나, 그대를 찬탄한다면, 이 중생은 모두가 위없는 도에서 물러가지 않고, 항상 인간이나 천상에 태어나서

묘락을 다 받을 것이며, 장차 인과가 익으면 부처님의 수기를 받으리라. 그대가 이제 큰 자비로써 중생을 불쌍히 여겨, 내가 지장보살의 부사의한 이익에 대하여 밝혀 말하는 것을 듣고자 하는구나. 그대는 잘 들으라. 내가 이제 말하리라.』

관세음보살이 말씀드렸다.

『그러하옵니다. 세존이시여, 즐거이 듣고자 하옵니다.』

부처님께서 말씀하셨다.

『미래나 현재의 모든 세계 중에, 어떤 하늘사람이 누리던 천복이 다하여 오쇠상이 나타나고, 혹은 악도에 떨어지게 되었더라도, 이러한 하늘사람이 남자든 여자든 그런 모양이 나타날 때, 혹은 지장보살의 형상을 보고, 혹은 지장보살의 명호를 듣고서, 한번 우러르고 한번만 절하더라도, 이들은 다시 천복이 더하여져 쾌락을 크게 받고 영원히 삼악도의 과보를 겪지 않으리라. 더구나, 이 보살을 보고 듣고 향 · 꽃 · 의복 · 음식 · 보배 · 영락 등으로 보시하고 공양한다면 어떠하겠는가?

얻게 되는 공덕과 복리는 한량없고 끝이 없으리라.

관세음보살이여! 또 만약 미래나 현재의 모든 세계에서 육도중생이 명을 마치려 할 때, 지장보살의 명호를 들려주어 그 한 소리만 귀에 들어가게 하여도, 이 중생은 영원히 삼악도의 고통을 겪지 않으리라.

하물며 임종할 때, 부모나 권속이 그 죽은 사람의 사택 · 재물 · 보배 · 의복 등을 바쳐서 지장보살의 형상을 만들고 그리며, 혹은 앓는 사람이 죽기 전에, 길을 아는 권속이 그를 위해 그의 재산으로 지장보살의 형상을 만들고 그리는 것을 알려서, 병자가 직접 눈으로 보고 귀로 듣게 한다면 어떠하겠는가?

이 사람은 지은 업보로 중병을 앓는 것이 마땅하더라도, 그 공덕을 입어서 곧 낫게 되고 수명도 더하리라. 이 사람이 만약 업보로 명이 다하여, 지어 놓은 모든 죄장과 업장으로 악도에 떨어지는 것이 마땅하더라도, 그 공덕을 입어서 죽은 뒤에 바로 인간이나 천상에 태어나 아주 묘한 낙을 받고, 모든 죄장도 다 소멸되리라.

관세음보살이여! 또, 만약 미래세에 어떤 남자나 여인이, 혹은 젖먹이 때나, 혹은 세살, 다섯 살, 열 살 아래에 부모나 형제자매를 잃고서, 그 사람이 장성한 뒤에 부모나 권속들을 생각하고 그리워함에, 어느 곳에 떨어졌는지, 어느 세계에 태어났는지, 어느 천상에 났는지 모르거든, 이 사람이 만약 능히 지장보살의 형상을 만들거나 그려 모시고, 그 명호를 부르며 한번 우러르고 한번 절하면서 칠일이 되도록 첫 마음이 물러가지 않고 예배하고 공양한다면, 이 사람의 권속이 설사 악업 때문에 악도에 떨어져 여러 겁을 지나게 될지라도, 남녀 형제자매가 지장보살의 형상을 만들거나, 그려 모시고 우러러 예배한 공덕을 입어, 곧 해탈하고 인간이나 천상에 태어나 아주 묘한 낙을 받게 되리라.

죽은 사람이 복력이 있어서, 이미 인간이나 천상에 태어나 복락을 받고 있다면, 그 공덕으로 성스러운 인연이 더하여져 무량한 낙을 누리게 되리라.

이 사람이 또 능히 삼칠일 동안, 일심으로 지장보살의 형상에 우러러 예배하며 그 명호를 염하여 만 번을 채우면, 보살이 끝없는 몸을 나타내어 그 권속이 태어난 세계를 다 알려주며, 혹은 꿈속에서 보살이 큰 신력을 나투어 친히 이 사람을 거느리고 여러 세계에 나아가서 권속들을 보여주느니라.

또, 능히 날마다 지장보살의 명호를 천 번씩 염하여 천일에 이르면, 보살이 그가 사는 곳의 토지신을 시켜 종신토록 돌보게 하여, 현세에 의식이 철철 넘치고 괴로운 질병들을 없게 하며, 어떤 횡액도 그 집

문안에 들지 못하게 하거늘, 하물며 그 사람의 몸에 미치게 하겠는가?

이 사람은 필경 보살의 마정수기를 받으리라.

관세음보살이여! 또, 만약 미래세에 어떤 선남자 선녀인이 광대한 자비심을 내어 일체중생을 제도하고자 하거나, 위없는 보리를 닦고자 하거나, 삼계에서 뛰어나고자 한다면, 이 모든 사람들이 지장보살의 형상을 보거나 명호를 듣고 지극한 마음으로 귀의하며, 혹은 향·꽃·의복·보물·음식으로 공양하고 우러러 예배하면, 이 선남자 선녀인들은 소원이 속히 이루어지고 영원히 장애가 없게 되리라.

관세음보살이여! 또, 만약 미래세에 어떤 선남자 선녀인이 현재와 미래에 백 천 만억의 여러 소원과 백 천 만억의 여러 일들을 이루고자 하거든, 다만 지장보살에게 귀의하여 그 형상에 우러러 공양하고 찬탄하면, 그 모든 소원과 구하는 바가 다 성취되리라.

또, 지장보살이 큰 자비로써 영원히 나를 지켜주기를 원한다면, 이 사람은 잠자는 꿈속에서 보살의 마정수기를 받으리라.

관세음보살이여! 또 만약 미래세에 선남자 선녀인이 대승경전을 깊이 존중하여 부사의한 마음을 내어서 독송하고자 하는데, 비록 밝은 스승을 만나 가르침을 받아 익혀도, 외웠다가는 금방 잊어서 긴 세월이 흘러도 능히 독송하지 못하는 것은, 이 선남선녀가 묵은 업장이 아직 없어지지 않은 까닭에, 대승경전을 독송하는 성품이 없는 것이니, 이러한 사람은 지장보살의 명호를 듣고 형상을 보고서 본심을 다하여 공경스럽게 그 사실을 아뢰고, 또 향 · 꽃 · 의복 · 음식 · 온갖 장엄구로써 보살을 공양하고, 깨끗한 물 한잔을 하루 낮 하룻밤 동안 보살 앞에 올렸다가 합장하고 마시되, 머리를 돌려 남쪽으로 향하고, 입을 댈 적에는 지극히 정중한 마음으로 해야 되느니라.

물을 마시고는 오신채·술·고기·사음·망어·살생을 칠일 혹은 삼칠일 동안 삼가면, 이 선남자 선녀인은 꿈에 지장보살이 끝없는 몸을 나타내어 이 사람의 처소에서 관정수기를 내리는 것을 다 보게 되리라. 그 사람이 꿈을 깨면 바로 총명을 얻어서 경전을 한 번 들으면 길이 기억하여 다시는 한 글귀, 한 게송도 잊지 않으리라.

관세음보살이여! 또, 만약 미래세에 어떤 사람들이 의식이 부족하여서 구하여도 원대로 안 되며, 혹은 질병이 많고, 혹은 흉하고 쇠퇴한 것이 많아서 집안이 불안하고 권속이 흩어지며, 혹은 모든 어긋나는 일들이 많이 닥쳐서 몸을 괴롭히고, 꿈에도 놀래는 일이 많거든, 이러한 사람들이 지장보살의 명호를 듣거나 그 형상을 보고 지극한 마음으로 공경하며 만 번을 염하게 되면, 이 모든 여의찮은 일이 점점 없어지고 안락하게 되며, 의식도 풍족하여지고 꿈에도 모두가 편안하리라.

관세음보살이여! 또, 만약 미래세에 어떤 선남자 선녀인이, 혹은 생활에 필요해서나, 혹은 공적이거나 사적인 일 때문에, 혹은 나고 죽는 일 때문에, 혹은 급한 일로 깊은 산림에 들어가거나, 강이나 바다 같은 큰 물을 건너거나, 혹은 험한 길을 지나게 될 적에, 이 사람이 먼저 지장보살의 명호를 만 번 염한다면, 그가 지나는 곳의 토지신이 호위하여서 행주좌와에 언제나 편안할 것이며, 호랑이 · 사자 같은 온갖 악독한 짐승들을 만나도 능히 해치지 못하리라.』

부처님께서 관세음보살에게 또 이르셨다.

『이 지장보살은 염부제에 큰 인연이 있으니, 만약 모든 중생이 보고 들어서 얻는 이익에 대하여 말하자면, 백 · 천겁에도 능히 다하지 못하리라.

이러하므로 관세음보살이여, 그대는 신력으로써 이 경을 널리 펴서 사바세계의 중생으로 하여금 백 · 천

만겁토록 길이 안락을 누리게 하라.』

이때에 세존께서 게송으로 말씀하셨다.

『내가 지금 지장위신력을 보아하니
항하사 겁을 설하여도 못 다하리.
한 생각만 보고 듣고 예배하여도
인간 천상 이익 됨이 한량없네.
만약에 남자와 여자, 용 · 신이
과보가 다해 응당 악도에 떨어져도
지심으로 지장존상에 귀의하면
수명은 점점 늘고 죄장을 멸하리.
어렸을 때 부모 형제를 여의고서
그 혼신이 태어난 곳 알지 못하고,
형과 아우 누이 동생 모든 친족이
태어난 후 모두를 다 알지 못할 때,

지장형상을 만들거나 그림을 그려
슬피 그리워하여 절하기를 끊지 않고
삼칠일간 그 명호를 염한다면,
지장보살은 끝없는 몸을 나타내어
그 권속들이 태어난 곳을 보여주고,
비록 악도에 떨어져도 곧 건져주리.
만약 능히 첫 마음이 퇴전치 않으면
거룩한 마정수기를 곧 받게 되리.
위없는 보리도를 닦고자 하고
삼계의 괴로움을 벗고자 하면
이 사람은 이미 대비심을 내었노니
먼저 마땅히 지장존상에 절한다면,
일체의 소원이 하루빨리 성취되고
가로막는 업장은 완전히 사라지리.
발심한 어떤 사람이 경전을 염하며
미혹한 무리들이 저 언덕을 건너려고

부사의한 그 원력을 비록 세워도
읽고는 금방 잊어버리는 것은,
이 사람의 업장과 미혹 때문에
대승경전을 능히 기억하지 못하니,
향과 꽃, 의복과 음식 등
여러 완구로써 지장존상에 공양하고
깨끗한 물을 존상 앞에 올려놓고
하루가 지난 뒤에 마시려 할 때
은중한 마음으로 오신채를 끊고
술과 고기 · 사음 · 망어를 삼가며
살생하지 않고 삼칠일을 지나고
지심으로 대사 명호를 생각하면
꿈속에서 보살의 무변신을 보고,
깨고 나면 눈과 귀가 문득 밝아
이 경전의 가르침이 귓전을 지나도
천만 생을 다시는 잊지 않으리.

부사의한 지장대사 위신력이
그 사람 능히 이 지혜를 얻게 하네.
어떤 중생이 빈궁하며 병이 많고
집안이 기울어지고 권속이 흩어지며,
잠자는 꿈속에서도 편치 못하고
구하는 것 어그러져 못 이룰 때,
지심으로 지장존상에 절한다면,
일체의 악한 일들 모두모두 소멸되고,
꿈속에 이르러도 모두가 편안하며,
의식이 넉넉하여지고 귀신들도 보호하리.
산림에 들어가고 바다를 건너려 할 때,
악독한 짐승들과 악한 사람,
악한 신과 악한 귀신, 사나운 바람들
여러 가지 재난이 걱정되거든
안온하신 지장보살 존상 앞에
지심으로 공양하고 우러러 절하면,

이와 같은 산림이나 바다 속의
모든 악한 것이 다 없어지리.
관음아 지심으로 내 말을 들으라.
지장보살의 무량한 불가사의는
백 · 천만겁 동안 말하여도 못다 하니,
대사의 이 같은 신력을 널리 알리라.
지장명호 사람들이 듣는다거나
존상을 보고 우러러 절하거나
향 · 꽃 · 의복 · 음식으로 공양한다면,
백 천 생에 묘한 낙을 받으리라.
만약 능히 이것을 법계에 돌리면,
끝내는 부처가 되어 생사를 벗으리.
이 까닭에 관음아 꼭 잘 알아서
항하사 여러 국토에 널리 알리라.』

제13품
촉루인천품

그때에 세존께서 금빛 팔을 드시어 지장보살마하살의 이마를 어루만지시며 이렇게 말씀하셨다.

『지장, 지장이여!

그대의 신력은 불가사의 하도다.

그대의 자비도 불가사의 하도다.

그대의 지혜도 불가사의 하도다.

그대의 변재도 불가사의 하도다.

시방의 모든 부처님으로 하여금 그대의 그 불가사의함을 찬탄하게 하여도 천만겁 동안에 못다 하리라.

지장, 지장이여!

내가 오늘 이 도리천궁에서, 백·천만 억의 말로 하려야 할 수도 없는 모든 불보살과 천·용·팔부의 크나큰 법회 가운데서 다시 부촉하노니, 그대는 삼계의 불집 속에서 아직도 벗어나지 못하고 있는 일체 중생이 하루라도 악도 가운데 떨어지지 않게 할 것이 온데, 어찌 하물며 다시 오무간지옥과 아비지옥에 떨어져서 천만 억 겁을 지내어도 나올 기한이 없게 할까 보랴.

지장보살이여! 이 남염부제 중생은 뜻과 성품이 정한 바가 없어서 악을 익히는 자가 많고, 비록 선심을 내어도 잠깐 사이에 곧 물러서며, 만약 악한 인연을 만나면 생각 생각에 악이 더 늘게 되느니라. 이러하므로, 내가 이 몸을 백·천억으로 분신을 내어 교화하고 제도하되 그 근성을 따라서 해탈시키는 것이니라.

지장보살이여! 내가 이제 은근히 하늘과 인간의 무

리들을 그대에게 부촉하노니, 미래세에 만약 하늘과 인간의 어떤 선남자 선녀인이 불법 중에 한 터럭·한 티끌·한 모래알·한 물방울만한 작은 선근을 심더라도, 그대는 도력으로써 이 사람을 옹호하여 점점 위없이 닦아 헛되이 물러나지 않도록 하라.

지장보살이여! 또, 미래세에 만약 하늘사람이나 세간 사람이 업보를 따라 악도에 빠지게 된다면, 악도에 떨어질 적에나, 혹은 지옥문 머리에 이르러서도 이 중생이 만약 능히 한 부처님 명호나, 한 보살 명호나, 대승경전의 한 구절·한 게송만 염하더라도, 그대는 신력과 방편으로써 이들을 구제하되, 이 사람 처소에 끝없는 몸을 나타내어 지옥을 부수고 천상에 나게 하여, 묘한 낙을 누리게 하라.』

이때 세존께서 게송으로 말씀하셨다.

『현재와 미래의 천인 무리를 은근히 그대에게 부촉하노니, 그 큰 신통력과 방편력으로 악도에 빠지지 말게 할지니라.』

이때 지장보살마하살이 무릎을 꿇어 합장하고 부처님께 아뢰었다.

『세존이시여! 바라오니, 염려하지 마시옵소서. 만약, 어떤 선남자 선녀인이 불법 중에 한 생각만 공경하여도, 제가 백·천 방편으로 그를 제도하여 나고 죽음에서 빨리 벗어나게 하오리다. 하물며 착한 일들을 듣고 생각 생각으로 닦아 가는 자이겠나이까? 이 사람은 자연히 위없는 도에서 길이 물러서지 않으리다.』

이 말을 할 때, 회중에 있던 허공장보살이 부처님께 아뢰었다.

『세존이시여! 제가 이 도리천에 이르러서, 부처님께서 지장보살의 위신력이 불가사의하다고 찬탄하심을 들었나이다. 미래세에 만약 어떤 선남자 선녀인과 모든 천·용들이 이 경전과 지장보살의 명호를 듣고,

혹 그 형상에 우러러 절을 한다면, 몇 가지 복리를 얻게 되옵니까!

세존이시여, 미래와 현재의 모든 중생을 위하여 간략히 말씀하여 주시옵소서.』

부처님께서 말씀하셨다.

『자세히 들으라. 내가 마땅히 그대를 위해 분별하여 말하리라. 만약, 미래세에 어떤 선남자 선여인이 지장보살의 형상을 보고, 또 이 경을 듣고 독송도 하며, 향 · 꽃 · 음식 · 의복 · 보물로써 보시 공양하여, 찬탄하고 우러러 절한다면 스물여덟가지 이익을 얻게 되니,

첫째는 하늘과 용이 지켜 줌이요,

둘째는 좋은 과보가 날로 더함이요,

셋째는 성현의 높은 인을 모음이요,

넷째는 보리에서 물러서지 않음이요,

다섯째는 의식이 풍족함이요,

여섯째는 질병이 오지 못함이요,

일곱째는 수재 화재를 여읨이요,

여덟째는 도적의 액이 없음이요,

아홉째는 사람이 보고서 흠모하고 공경함이요,

열째로는 귀신이 도와줌이요,

열한째로 여자는 남자의 몸으로 바꿀 수 있음이요,

열둘째는 여자라면 임금이나 대신의 딸이 됨이요,

열셋째는 모양이 단정함이요,

열넷째는 천상에 많이 태어남이요,

열다섯째는 혹은 제왕이 됨이요,

열여섯째는 숙명지를 통함이요,

열일곱째는 구하는 것은 다 뜻대로 됨이요,

열여덟째는 권속들이 화목함이요,

열아홉째는 모든 횡액이 소멸됨이요,

스물째는 업도가 영원히 없어짐이요,

스물한째는 가는 곳마다 통달함이요,

스물둘째는 밤에 꿈이 편안함이요,

스물셋째는 선망권속이 괴로움을 벗어남이요,

스물넷째는 지어놓은 복을 타고남이요,

스물다섯째는 모든 성현이 찬탄함이요,

스물여섯째는 총명하고 근기가 날카로움이요,

스물일곱째는 사랑하고 가엾이 여기는 마음이 넉넉함이요,

스물여덟째는 필경에 성불하는 것이니라.

허공장보살이여! 또 만약 현재와 미래의 천·용·귀신이 지장보살의 명호를 듣거나, 그 형상에 예배하거나, 혹은 지장보살의 본원 등의 일을 듣고 수행하며 찬탄하고 우러러 절한다면, 일곱 가지 이익을 얻게 되나니,

첫째는 속히 성현의 지위에 오름이요,

둘째는 악업이 소멸됨이요,

셋째는 모든 부처님이 곁에서 보호해 줌이요,

넷째는 보리에서 물러서지 않음이요,
다섯째는 본원력이 더 커짐이요,
여섯째는 숙명을 다 통함이요,
일곱째는 필경에 성불하는 것이니라.』

이때, 사방에서 오신, 말로 할래야 할 수도 없는 그 모든 부처님과 큰 보살과 천 · 용 · 팔부들이 석가모니 부처님께서 지장보살의 불가사의한 큰 위신력을 드높여 찬탄하시는 것을 듣고서, 일찍이 없던 일이라 하며 감탄하였다.

이때 도리천에는 한량없는 향 · 꽃 · 하늘 · 옷 · 구슬 · 영락을 비 오듯 내리어 석가모니 부처님과 지장보살께 공양하였고, 법회에 모였던 모든 대중은 다시금 우러러 절하고는 합장하고 물러갔다.

地藏菩薩本願經

唐于闐國三藏沙門實叉難陀譯

讚

稽首本然淸淨地　無盡佛藏大慈尊
南方世界湧香雲　香雨花雲及花雨
寶雨寶雲無數種　爲祥爲瑞遍莊嚴
天人問佛是何因　佛言地藏菩薩至
三世如來同讚歎　十方菩薩共皈依
我今宿植善因緣　稱揚地藏眞功德

慈因積善, 誓救衆生,

手中金錫, 振開地獄之門.

掌上明珠, 光攝大千世界.

智慧音裡, 吉祥雲中,

爲閻浮提苦衆生, 作大證明功德主.

大悲大願, 大聖大慈,

本尊地藏菩薩摩訶薩.

開經偈

無上甚深微妙法　　百千萬劫難遭遇

我今見聞得受持　　願解如來眞實義

地藏菩薩本願經 卷上

忉利天宮神通品第一

如是我聞. 一時佛在忉利天, 爲母說法. 爾時十方無量世界, 不可說不可說一切諸佛, 及大菩薩摩訶薩, 皆來集會. 讚歎釋迦牟尼佛, 能於五濁惡世, 現不可思議大智慧神通之力, 調伏剛强衆生, 知苦樂法, 各遣侍者, 問訊世尊.

是時, 如來含笑, 放百千萬億大光明雲, 所謂大圓滿光明雲 大慈悲光明雲 大智慧光明雲 大般若光明雲 大三昧光明雲 大吉祥

光明雲 大福德光明雲 大功德光明雲 大歸依光明雲 大讚歎光明雲, 放如是等不可說光明雲已.

又出種種微妙之音, 所謂檀波羅蜜音 尸波羅蜜音 羼提波羅密音 毗離耶波羅蜜音 禪波羅蜜音 般若波羅密音 慈悲音 喜捨音 解脫音 無漏音 智慧音 大智慧音 師子吼音 大師子吼音 雲雷音 大雲雷音.

出如是等不可說不可說音已, 娑婆世界, 及他方國土, 有無量億天龍鬼神, 亦集到忉利天宮, 所謂四天王天 忉利天 須燄摩天 兜率陀天 化樂天 他化自在天 梵衆天 梵輔天 大梵天 少光天 無量光天 光音天 少淨

天 無量淨天 遍淨天 福生天 福愛天 廣果天 無想天 無煩天 無熱天 善見天 善現天 色究竟天 摩醯首羅天 乃至非想非非想處天, 一切天衆 龍衆 鬼神等衆, 悉來集會.

復有他方國土, 及娑婆世界, 海神 江神 河神 樹神 山神 地神 川澤神 苗稼神 晝神 夜神 空神 天神 飮食神 草木神, 如是等神, 皆來集會.

復有他方國土, 及娑婆世界, 諸大鬼王. 所謂: 惡目鬼王 噉血鬼王 噉精氣鬼王 噉胎卵鬼王 行病鬼王 攝毒鬼王 慈心鬼王 福利鬼王 大愛敬鬼王, 如是等鬼王, 皆來集會.

爾時釋迦牟尼佛 告文殊師利法王子菩薩摩

訶薩: 汝觀是一切諸佛菩薩及天龍鬼神, 此世界 他世界, 此國土 他國土, 如是今來集會到忉利天者, 汝知數不?

文殊師利白佛言: 世尊, 若以我神力, 千劫測度, 不能得知.

佛告文殊師利: 吾以佛眼觀故, 猶不盡數. 此皆是地藏菩薩久遠劫來, 已度 當度 未度, 已成就 當成就 未成就.

文殊師利白佛言: 世尊, 我已過去久修善根證無礙智. 聞佛所言, 卽當信受. 小果聲聞天龍八部 及未來世諸衆生等, 雖聞如來誠實之語, 必懷疑惑. 設使頂受, 未免興謗. 唯願世尊 廣說地藏菩薩摩訶薩, 因地作何行? 立何願? 而能成就不思議事.

佛告文殊師利: 譬如三千大千世界所有草木叢林 稻麻竹葦 山石微塵, 一物一數, 作一恆河; 一恆河沙, 一沙一界; 一界之內 一塵一劫, 一劫之內, 所積塵數, 盡充爲劫, 地藏菩薩證十地果位以來, 千倍多於上喻. 何況地藏菩薩在聲聞 辟支佛地.

文殊師利, 此菩薩威神誓願, 不可思議. 若未來世, 有善男子 善女人, 聞是菩薩名字, 或讚歎 或瞻禮 或稱名 或供養, 乃至彩畫刻鏤塑漆形像, 是人當得百返生於三十三天, 永不墮惡道.

文殊師利, 是地藏菩薩摩訶薩, 於過去久遠

不可說 不可說劫前，身爲大長者子．時世有佛，號曰師子奮迅具足萬行如來．時長者子，見佛相好，千福莊嚴，因問彼佛：作何行願，而得此相？時師子奮迅具足萬行如來告長者子：欲證此身，當須久遠度脫一切受苦衆生．

文殊師利！時長者子，因發願言：我今盡未來際不可計劫，爲是罪苦六道衆生，廣設方便，盡令解脫，而我自身，方成佛道．以是於彼佛前，立斯大願，于今百千萬億那由他不可說劫，尙爲菩薩．

又於過去，不可思議阿僧祇劫，時世有佛，號曰覺華定自在王如來，彼佛壽命，四百千萬億阿僧祇劫. 像法之中, 有一婆羅門女, 宿福深厚, 衆所欽敬; 行住坐臥, 諸天衛護. 其母信邪, 常輕三寶.

是時聖女廣設方便, 勸誘其母, 令生正見, 而此女母, 未全生信. 不久命終, 魂神墮在無間地獄. 時婆羅門女, 知母在世, 不信因果. 計當隨業, 必生惡趣. 遂賣家宅, 廣求香華, 及諸供具, 於先佛塔寺, 大興供養. 見覺華定自在王如來, 其形像在一寺中, 塑畫威容, 端嚴畢備.

時婆羅門女, 瞻禮尊容, 倍生敬仰. 私自念言: 佛名大覺, 具一切智. 若在世時, 我母死後, 儻來問佛, 必知處所. 時婆羅門女,垂泣良久，瞻恋如來．忽聞空中聲曰：泣者聖女，勿至悲哀，我今示汝母之去處．婆羅門女合掌向空，而白空曰：是何神德，寬我憂慮．我自失母以來，晝夜憶恋，無處可問知母生界．時空中有聲，再報女曰：我是汝所瞻禮者，過去覺華定自在王如來，見汝憶母，倍於常情衆生之分，故來告示．

婆羅門女聞此聲已，擧身自撲，肢節皆損．左右扶侍，良久方蘇．而白空曰：願佛慈愍，速說我母生界，我今身心，將死不久．時覺華定自在王如來，告聖女曰：汝供養畢，但早返舍，端坐思惟吾之名號，卽當知母所生去處．

時婆羅門女尋禮佛已，卽歸其舍．以憶母故，端坐念覺華定自在王如來．經一日一夜，忽見自身到一海邊．其水涌沸，多諸惡獸，盡復鐵身，飛走海上，東西馳逐．見諸男子女人，百千萬數，出沒海中，被諸惡獸爭取食噉．又見夜叉，其形各異，或多手多眼 多足多頭 口牙外出， 利刃如劍． 驅諸罪人，使近惡獸， 復自搏攫， 頭足相就． 其形萬類，不敢久視．

時婆羅門女，以念佛力故，自然無懼．有一鬼王，名曰無毒，稽首來迎，白聖女曰：善哉，菩薩，何緣來此?

時婆羅門女問鬼王曰：此是何處?

無毒答曰: 此是大鐵圍山西面第一重海.

聖女問曰: 我聞鐵圍之內, 地獄在中, 是事實否?

無毒答曰: 實有地獄.

聖女問曰: 我今云何得到獄所?

無毒答曰: 若非威神, 卽須業力, 非此二事, 終不能到.

聖女又問: 此水何緣, 而乃涌沸, 多諸罪人, 及以惡獸?

無毒答曰: 此是閻浮提造惡衆生, 新死之者, 經四十九日後, 無人繼嗣, 爲作功德, 救拔苦難, 生時又無善因. 當據本業所感地獄, 自然先渡此海. 海東十萬由旬, 又有一海,其苦倍此. 彼海之東, 又有一海, 其苦復倍.

三業惡因之所招感, 共號業海, 其處是也.

聖女又問鬼王無毒曰: 地獄何在?

無毒答曰: 三海之內, 是大地獄, 其數百千,

各各差別. 所謂大者, 具有十八. 次有五百,

苦毒無量. 次有千百, 亦無量苦.

聖女又問大鬼王曰: 我母死來未久, 不知魂

神當至何趣?

鬼王問聖女曰: 菩薩之母, 在生習何行業?

聖女答曰: 我母邪見, 譏毀三寶. 設或暫信,

旋又不敬. 死雖日淺, 未知生處.

無毒問曰: 菩薩之母, 姓氏何等?

聖女答曰: 我父我母, 俱婆羅門種, 父號尸

羅善現，母號悅帝利．

無毒合掌啟菩薩曰：願聖者卻返本處，無至憂憶悲恋．悅帝利罪女，生天以來，經今三日．云承孝順之子，爲母設供修福，布施覺華定自在王如來塔寺．非唯菩薩之母，得脫地獄，應是無間罪人，此日悉得受樂，俱同生訖．

鬼王言畢，合掌而退．婆羅門女，尋如夢歸．悟此事已，　便於覺華定自在王如來塔像之前，立弘誓願：願我盡未來劫，應有罪苦衆生，廣設方便，使令解脫．

佛告文殊師利：時鬼王無毒者，當今財首菩薩是．婆羅門女者，卽地藏菩薩是．

分身集會品第二

爾時百千萬億不可思 不可議 不可量 不可說無量阿僧祇世界, 所有地獄處, 分身地藏菩薩, 俱來集在忉利天宮. 以如來神力故, 各以方面, 與諸得解脫從業道出者, 亦各有千萬億那由他數, 共持香華, 來供養佛.

彼諸同來等輩, 皆因地藏菩薩敎化, 永不退轉於阿耨多羅三藐三菩提. 是諸衆等, 久遠劫來, 流浪生死, 六道受苦, 暫無休息. 以地藏菩薩廣大慈悲, 深誓願故, 各獲果證. 旣至忉利, 心懷踊躍, 瞻仰如來, 目不暫捨.

爾時, 世尊舒金色臂, 摩百千萬億不可思

不可議 不可量 不可說 無量阿僧祇世界諸分身地藏菩薩摩訶薩頂, 而作是言: 吾於五濁惡世, 敎化如是剛强衆生, 令心調伏, 捨邪歸正, 十有一二, 尙惡習在. 吾亦分身千百億, 廣設方便. 或有利根, 聞卽信受; 或有善果, 勤勸成就; 或有暗鈍, 久化方歸; 或有業重, 不生敬仰. 如是等輩衆生, 各各差別, 分身度脫.

或現男子身 或現女人身 或現天龍身 或現神鬼身 或現山林川原 河池泉井, 利及於人, 悉皆度脫. 或現天帝身 或現梵王身 或現轉輪王身 或現居士身 或現國王身 或現宰輔身 或現官屬身 或現比丘 比丘尼 優

婆塞 優婆夷身 乃至聲聞 羅漢 辟支佛 菩薩等身 而以化度. 非但佛身, 獨現其前.

汝觀吾累劫勤苦, 度脫如是等難化剛强罪苦衆生. 其有未調伏者, 隨業報應. 若墮惡趣, 受大苦時, 汝當憶念吾在忉利天宮, 殷懃付囑. 令娑婆世界, 至彌勒出世已來衆生, 悉使解脫, 永離諸苦, 遇佛授記.

爾時, 諸世界分身地藏菩薩, 共復一形, 涕淚哀戀, 白其佛言: 我從久遠劫來, 蒙佛接引, 使獲不可思議神力, 具大智慧. 我所分身, 遍滿百千萬億恆河沙世界, 每一世界化百千萬億身, 每一身度百千萬億人, 令歸敬三寶, 永離生死, 至涅槃樂. 但於佛法中所爲善事，一毛一渧，一沙一塵，或毫髮許，我漸度脫，使獲大利．唯願世尊，不以後世惡業衆生爲慮．

如是三白佛言：唯願世尊，不以後世惡業衆生爲慮．

爾時，佛讚地藏菩薩言：善哉！善哉！吾助汝喜．汝能成就久遠劫來，發弘誓願，廣度將畢，卽證菩提．

觀衆生業緣品第三

爾時佛母摩耶夫人，恭敬合掌問地藏菩薩言：聖者，閻浮衆生，造業差別，所受報應，其事云何? 地藏答言: 千萬世界, 乃及國土, 或有地獄 或無地獄; 或有女人 或無女人; 或有佛法 或無佛法, 乃至聲聞辟支佛, 亦復如是, 非但地獄罪報一等.

摩耶夫人重白菩薩: 且願聞於閻浮罪報所感惡趣.

地藏答言: 聖母, 唯願聽受, 我粗說之.

佛母白言: 願聖者說.

爾時地藏菩薩白聖母言: 南閻浮提, 罪報名號如是. 若有衆生不孝父母, 或至殺害, 當墮無間地獄, 千萬億劫求出無期. 若有衆生出佛身血, 毁謗三寶, 不敬尊經, 亦當墮於無間地獄, 千萬億劫, 求出無期. 若有衆生侵損常住，玷污僧尼，或伽藍內恣行婬欲，或殺或害，如是等輩，當墮無間地獄，千萬億劫，求出無期. 若有衆生，僞作沙門，心非沙門，破用常住，欺誑白衣，違背戒律，種種造惡，如是等輩，當墮無間地獄，千萬億劫，求出無期. 若有衆生，偷竊常住財物穀米，飮食衣服，乃至一物不與取者，當墮無間地獄，千萬億劫，求出無期.

地藏白言：聖母，若有衆生，作如是罪，當墮五無間地獄，求暫停苦一念不得.

摩耶夫人重白地藏菩薩言：云何名爲無間地獄？

地藏白言：聖母，諸有地獄在大鐵圍山之內，其大地獄有一十八所，次有五百，名號各別，次有千百，名字亦別．無間獄者，其獄城周匝八萬餘里，其城純鐵，高一萬里，城上火聚，少有空缺．其獄城中，諸獄相連，名號各別．獨有一獄，名曰無間，其獄周匝萬八千里，獄牆高一千里，悉是鐵圍，上火徹下，下火徹上．鐵蛇鐵狗，吐火馳逐獄牆之上，東西而走．

獄中有床，遍滿萬里．一人受罪，自見其身遍臥滿床．千萬人受罪，亦各自見身滿床上．衆業所感獲報如是．

又諸罪人，備受衆苦．千百夜叉及以惡鬼，口牙如劍，眼如電光，手復銅爪，拖拽罪人．

復有夜叉執大鐵戟，中罪人身，或中口鼻，或中腹背．拋空翻接或置床上，復有鐵鷹啗罪人目．復有鐵蛇絞罪人頸．百肢節內，悉下長釘，拔舌耕犁，抽腸剉斬，烊銅灌口，熱鐵纏身．萬死千生，業感如是．動經億劫，求出無期．

此界壞時，寄生他界，他界次壞，轉寄他方；他方壞時，輾轉相寄．此界成後，還復而來．無間罪報，其事如是．

又五事業感，故稱無間．何等爲五?

一者 日夜受罪，以至劫數，無時間絶，故稱無間．

二者 一人亦滿，多人亦滿，故稱無間．

三者 罪器叉棒，鷹蛇狼犬，碓磨鋸鑿，剉斫鑊湯，鐵網鐵繩，鐵驢鐵馬，生革絡首，熱鐵澆身，飢呑鐵丸，渴飲鐵汁，從年竟劫，數那由他，苦楚相連，更無間斷，故稱無間.

四者 不問男子女人，羌胡夷狄，老幼貴賤，或龍或神，或天或鬼，罪行業感，悉同受之，故稱無間.

五者 若墮此獄，從初入時，至百千劫，一日一夜，萬死萬生，求一念間暫住不得，除非業盡，方得受生，以此連綿，故稱無間.

地藏菩薩白聖母言： 無間地獄，粗說如是. 若廣說地獄罪器等名，及諸苦事，一劫之中，求說不盡. 摩耶夫人聞已，愁憂合掌，頂禮而退.

閻浮衆生業感品第四

爾時地藏菩薩摩訶薩白佛言: 世尊, 我承佛如來威神力故, 遍百千萬億世界, 分是身形, 救拔一切業報衆生. 若非如來大慈力故, 卽不能作如是變化. 我今又蒙佛付囑, 至阿逸多成佛以來, 六道衆生, 遣令度脫. 唯然世尊, 願不有慮.

爾時佛告地藏菩薩: 一切衆生未解脫者, 性識無定, 惡習結業, 善習結果. 爲善爲惡, 逐境而生. 輪轉五道, 暫無休息, 動經塵劫,迷惑障難. 如魚游網. 將是長流, 脫入暫出, 又復遭網. 以是等輩, 吾當憂念. 汝旣畢是往願, 累劫重誓, 廣度罪輩, 吾復何慮.

說是語時, 會中有一菩薩摩訶薩, 名定自在王, 白佛言: 世尊, 地藏菩薩累劫以來, 各發何願, 今蒙世尊慇懃讚歎. 唯願世尊, 略而說之.

爾時世尊告定自在王菩薩: 諦聽諦聽! 善思念之! 吾當爲汝分別解說. 乃往過去無量阿僧祇那由他不可說劫, 爾時有佛, 號一切智成就如來, 應供 正遍知 明行足 善逝 世間解 無上士 調御丈夫 天人師 佛 世尊, 其佛壽命六萬劫. 未出家時爲小國王, 與一鄰國王爲友，同行十善，饒益衆生．其鄰國內所有人民，多造衆惡．二王議計，廣設方便．一王發願，早成佛道，當度是輩，令使無餘．一王發願，若不先度罪苦，令是安樂，得至菩提，我終未願成佛．

佛告定自在王菩薩：一王發願早成佛者，卽一切智成就如來是．一王發願永度罪苦衆生，未願成佛者，卽地藏菩薩是．

復於過去無量阿僧祇劫，有佛出世，名淸淨蓮華目如來，其佛壽命四十劫．像法之中，有一羅漢，福度衆生．因次敎化，遇一女人，字曰光目，設食供養．

羅漢問之：欲願何等？

光日答曰: 我以母亡之日, 資福救拔, 未知我母生處何趣?

羅漢愍之, 爲入定觀, 見光目女母墮在惡趣, 受極大苦. 羅漢問光目言: 汝母在生, 作何行業? 今在惡趣, 受極大苦.

光目答言: 我母所習, 唯好食噉魚鱉之屬. 所食魚鱉, 多食其子, 或炒或煮, 恣情食噉, 計其命數, 千萬復倍. 尊者慈愍, 如何哀救?

羅漢愍之, 爲作方便, 勸光目言: 汝可志誠念淸淨蓮華目如來, 兼塑畫形像, 存亡獲報.

光目聞已, 卽捨所愛, 尋畫佛像而供養之, 復恭敬心, 悲泣瞻禮. 忽於夜後, 夢見佛身金色晃耀, 如須彌山, 放大光明. 而告光目:

汝母不久當生汝家，纔覺飢寒，卽當言說.
其後家內婢生一子，未滿三日，而乃言說.
稽首悲泣，告於光目：生死業緣，果報自受，
吾是汝母，久處暗冥．自別汝來，累墮大地
獄．蒙汝福力，方得受生．爲下賤人，又復
短命．壽年十三，更落惡道．汝有何計，令
吾脫免?
光目聞說，知母無疑，哽咽悲啼而白婢子：
旣是我母，合知本罪，作何行業，墮於惡道.
婢子答言：以殺害毁罵二業受報．若非蒙
福，救拔吾難，以是業故，未合解脫.
光目問言：地獄罪報，其事云何?
婢子答言：罪苦之事，不忍稱說，百千歲中，

卒白難竟.

光目聞已， 啼淚號泣而白空界: 願我之母， 永脫地獄， 畢十三歲， 更無重罪， 及歷惡道. 十方諸佛慈哀愍我， 聽我爲母所發廣大誓願. 若得我母永離三途及斯下賤， 乃至女人之身永劫不受者. 願我自今日後， 對淸淨蓮華目如來像前， 却後百千萬億劫中， 應有世界， 所有地獄及三惡道諸罪苦衆生， 誓願救拔， 令離地獄惡趣， 畜生餓鬼等， 如是罪報等人， 盡成佛竟， 我然後方成正等正覺.

發誓願已， 具聞淸淨蓮華目如來而告之曰: 光目， 汝大慈愍， 善能爲母發如是大願. 吾觀汝母十三歲畢， 捨此報已， 生爲梵志， 壽年百歲. 過是報後, 當生無憂國土, 壽命不可計劫. 後成佛果, 廣度人天, 數如恆河沙. 佛告定自在王: 爾時羅漢福度光目者, 卽無盡意菩薩是. 光目母者, 卽解脫菩薩是, 光目女者卽地藏菩薩是. 過去久遠劫中, 如是慈愍, 發恆河沙願, 廣度衆生. 未來世中, 若有男子女人, 不行善者行惡者, 乃至不信因果者, 邪婬妄語者, 兩舌惡口者, 毁謗大乘者, 如是諸業衆生, 必墮惡趣. 若遇善知識, 勸令一彈指間, 歸依地藏菩薩, 是諸衆生, 卽得解脫三惡道報. 若能志心歸敬及瞻禮讚歎, 香華衣服, 種種珍寶, 或復飮食, 如是奉事者. 未來百千萬億劫中, 常在諸天

受勝妙樂. 若天福盡, 下生人間, 猶百千劫
常爲帝王, 能憶宿命因果本末.
定自在王! 如是地藏菩薩有如此不可思議大
威神力, 廣利衆生汝等諸菩薩當記是經廣宣
流布.
定自在王白佛言: 世尊, 願不有慮. 我等千
萬億菩薩摩訶薩, 必能承佛威神廣演是經,
於閻浮提利益衆生. 定自在王菩薩白世尊已,
合掌恭敬作禮而退.
爾時四方天王俱從座起, 合掌恭敬白佛言:
世尊, 地藏菩薩於久遠劫來, 發如是大願,
云何至今猶度未絶, 更發廣大誓言. 唯願世
尊爲我等說.

佛告四天王: 善哉善哉! 吾今爲汝及未來現在天人衆等, 廣利益故, 說地藏菩薩於娑婆世界, 閻浮提內生死道中, 慈哀救拔, 度脫一切罪苦衆生方便之事.

四天王言: 唯然世尊, 願樂欲聞.

佛告四天王: 地藏菩薩久遠劫來, 迄至於今, 度脫衆生, 猶未畢願, 慈愍此世罪苦衆生. 復觀未來無量劫中, 因蔓不斷, 以是之故, 又發重願. 如是菩薩於娑婆世界, 閻浮提中, 百千萬億方便, 而爲教化.

四天王, 地藏菩薩若遇殺生者, 說宿殃短命報. 若遇竊盜者, 說貧窮苦楚報. 若遇邪婬者, 說雀鴿鴛鴦報. 若遇惡口者, 說眷屬鬪諍報. 若遇毀謗者, 說無舌瘡口報. 若遇瞋恚者, 說醜陋癃殘報. 若遇慳吝者, 說所求違願報. 若遇飮食無度者, 說飢渴咽病報. 若遇畋獵恣情者, 說驚狂喪命報. 若遇悖逆父母者, 說天地災殺報. 若遇燒山林木者, 說狂迷取死報. 若遇前後父母惡毒者, 說返生鞭撻現受報. 若遇網捕生雛者, 說骨肉分離報. 若遇毀謗三寶者, 說盲聾瘖啞報. 若遇輕法慢敎者, 說永處惡道報. 若遇破用常住者, 說億劫輪迴地獄報. 若遇汚梵誣僧者, 說永在畜生報. 若遇湯火斬斫傷生者, 說輪迴遞償報. 若遇破戒犯齋者, 說禽獸飢餓報. 若遇非理毁用者, 說所求闕絶報. 若遇吾我貢高者，說卑使下賤報．若遇兩舌鬪亂者，說無舌百舌報．若遇邪見者，說邊地受生報．

如是等閻浮提衆生，身口意業，惡習結果，百千報應，今粗略說．如是等閻浮提衆生業感差別，地藏菩薩百千方便而教化之．是諸衆生，先受如是等報，後墮地獄，動經劫數，無有出期．是故汝等護人護國，無令是諸衆業迷惑衆生．

四天王聞已，涕淚悲歎合掌而退．

地藏菩薩本願經 卷中

地獄名號品第五

爾時普賢菩薩摩訶薩白地藏菩薩言: 仁者, 願爲天龍四衆, 及未來現在一切衆生, 說娑婆世界, 及閻浮提罪苦衆生, 所受報處, 地獄名號, 及惡報等事, 使未來世末法衆生, 知是果報.

地藏答言: 仁者, 我今承佛威神, 及大士之力, 略說地獄名號, 及罪報惡報之事.

仁者, 閻浮提東方有山, 號曰鐵圍, 其山黑邃, 無日月光.

有大地獄, 號極無間, 又有地獄, 名大阿鼻.

復有地獄，名曰四角；復有地獄，名曰飛刀；

復有地獄，名曰火箭；復有地獄，名曰夾山；

復有地獄，名曰通槍；復有地獄，名曰鐵車；

復有地獄，名曰鐵床；復有地獄，名曰鐵牛；

復有地獄，名曰鐵衣；復有地獄，名曰千刃；

復有地獄，名曰鐵驢；復有地獄，名曰烊銅；

復有地獄，名曰抱柱；復有地獄，名曰流火；

復有地獄，名曰耕舌；復有地獄，名曰剉首；

復有地獄，名曰燒腳；復有地獄，名曰啗眼；

復有地獄，名曰鐵丸；復有地獄，名曰諍論；

復有地獄，名曰鐵鈇；復有地獄，名曰多瞋.

地藏白言：仁者，鐵圍之內，有如是等地獄，

其數無限.

更有叫喚地獄, 拔舌地獄, 糞尿地獄, 銅鎖地獄, 火象地獄, 火狗地獄, 火馬地獄, 火牛地獄, 火山地獄, 火石地獄, 火床地獄, 火梁地獄, 火鷹地獄, 鋸牙地獄, 剝皮地獄, 飲血地獄, 燒手地獄, 燒腳地獄, 倒刺地獄, 火屋地獄, 鐵屋地獄, 火狼地獄. 如是等地獄. 其中各各復有諸小地獄, 或一 或二 或三 或四 乃至百千, 其中名號, 各各不同.

地藏菩薩告普賢菩薩言: 仁者, 此者皆是南閻浮提行惡衆生, 業感如是. 業力甚大, 能敵須彌, 能深巨海, 能障聖道. 是故衆生莫輕小惡, 以爲無罪, 死後有報, 纖毫受之. 父子至親, 歧路各別, 縱然相逢, 無肯代受. 我今承佛威力, 略說地獄罪報之事, 唯願仁者暫聽是言.

普賢答言: 吾已久知三惡道報, 望仁者說, 令後世末法一切惡行衆生, 聞仁者說, 使令歸佛.

地藏白言: 仁者, 地獄罪報, 其事如是.

或有地獄, 取罪人舌, 使牛耕之. 或有地獄取罪人心, 夜叉食之. 或有地獄, 鑊湯盛沸, 煮罪人身. 或有地獄, 赤燒銅柱, 使罪人抱. 或有地獄, 使諸火燒, 趁及罪人. 或有地獄, 一向寒冰. 或有地獄, 無限糞尿. 或有地獄, 純飛鈠鑗. 或有地獄, 多攢火槍. 或有地獄, 唯撞胸背. 或有地獄, 但燒手足. 或有地獄, 盤繳鐵蛇. 或有地獄, 驅逐鐵狗. 或有地獄, 盡駕鐵騾.

仁者, 如是等報, 各各獄中, 有百千種業道之器, 無非是銅是鐵, 是石是火, 此四種物, 衆業行感. 若廣說地獄罪報等事, 一一獄中, 更有百千種苦楚, 何况多獄. 我今承佛威神及仁者問, 略說如是. 若廣解說, 窮劫不盡.

如來讚歎品第六

爾時世尊擧身放大光明, 遍照百千萬億恆河沙等諸佛世界. 出大音聲, 普告諸佛世界一切諸菩薩摩訶薩, 及天 龍 鬼 神 人 非人等. 聽吾今日稱揚讚歎地藏菩薩摩訶薩, 於十方世界, 現大不可思議威神慈悲之力, 救護一切罪苦之事. 吾滅度後, 汝等諸菩薩大士, 及天龍鬼神等, 廣作方便, 衛護是經, 令一切衆生證涅槃樂.

說是語已, 會中有一菩薩, 名曰普廣, 合掌恭敬而白佛言: 今見世尊讚歎地藏菩薩, 有如是不可思議大威神德, 唯願世尊爲未來世末法衆生, 宣說地藏菩薩利益人天因果等事, 使諸天龍八部, 及未來世衆生, 頂受佛語.

爾時世尊告普廣菩薩及四衆等: 諦聽諦聽! 吾當爲汝略說地藏菩薩利益人天福德之事.

普廣白言: 唯然! 世尊, 願樂欲聞.

佛告普廣菩薩: 未來世中, 若有善男子 善女人, 聞是地藏菩薩摩訶薩名者, 或合掌者 讚歎者 作禮者 戀慕者, 是人超越三十劫罪.

普廣, 若有善男子 善女人, 或彩畫形像, 或土石膠漆, 金銀銅鐵 作此菩薩, 一瞻一禮者, 是人百返生於三十三天, 永不墮於惡道. 假如天福盡故, 下生人間, 猶爲國王, 不失大利.

若有女人, 厭女人身, 盡心供養地藏菩薩畫像, 及土石膠漆銅鐵等像, 如是日日不退, 常以華香 飮食 衣服 繒綵 幢旛 錢 寶物等供養. 是善女人, 盡此一報女身, 百千萬劫, 更不生有女人世界, 何況復受. 除非慈願力故，要受女身，度脫衆生，承斯供養地藏力故，及功德力，百千萬劫不受女身.

復次普廣：若有女人，厭是醜陋，多疾病者，但於地藏像前，志心瞻禮，食頃之間．是人千萬劫中，所受生身，相貌圓滿．是醜陋女人，如不厭女身，卽百千萬億生中，常爲王女，乃及王妃，宰輔大姓，大長者女，端正受生，諸相圓滿．由志心故，瞻禮地藏菩薩，獲福如是.

復次普廣：若有善男子　善女人，能對菩薩像前，作諸伎樂，及歌詠讚歎，香華供養，乃至勸於一人多人．如是等輩，現在世中及未來世，常得百千鬼神日夜衛護，不令惡事輒聞其耳，何況親受諸橫．

復次普廣：未來世中，若有惡人及惡神惡鬼，見有善男子　善女人，歸敬供養讚歎瞻禮地藏菩薩形像，或妄生譏毁，謗無功德及利益事，或露齒笑，或背面非，或勸人共非，或一人非，或多人非，乃至一念生譏毁者．如是之人，賢劫千佛滅度，譏毁之報，尙在阿鼻地獄受極重罪．過是劫已，方受餓鬼．又經千劫，復受畜生．又經千劫，方得人身．縱受人身，貧窮下賤，諸根不具，多被惡業來結其心．不久之間，復墮惡道．是故普廣，譏毁他人供養，尙獲此報，何況別生惡見毁滅．

復次普廣：若未來世，有男子女人，久處床

枕, 求生求死, 了不可得. 或夜夢惡鬼, 乃及家親 或遊險道 或多魘寐 共鬼神遊. 日月歲深, 轉復尪瘵, 眠中叫苦, 慘悽不樂者. 此皆是業道論對, 未定輕重, 或難捨壽或不得癒, 男女俗眼, 不辨是事.

但當對諸佛菩薩像前, 高聲轉讀此經一遍. 或取病人可愛之物, 或衣服 寶貝, 莊園 舍宅, 對病人前, 高聲唱言: 我某甲等, 爲是病人對經像前捨諸等物, 或供養經像 或造佛菩薩形像 或造塔寺 或燃油燈 或施常住. 如是三白病人, 遣令聞知.

假令諸識分散, 至氣盡者, 乃至一日 二日 三日 四日至七日以來. 但高聲白, 高聲讀經. 是人命終之後. 宿殃重罪, 至於五無間罪, 永得解脫, 所受生處, 常知宿命. 何況善男子善女人自書此經或敎人書 或自塑畫菩薩形像乃至敎人塑畫. 所受果報, 必獲大利. 是故普廣, 若見有人讀誦是經, 乃至一念讚歎是經, 或恭敬者. 汝須百千方便, 勸是等人, 勤心莫退, 能得未來 現在千萬億不可思議功德.

復次普廣: 若未來世諸衆生等, 或夢或寐, 見諸鬼神乃及諸形, 或悲 或啼 或愁 或嘆 或恐 或怖. 此皆是一生十生百生千生過去父母 男女弟妹 夫妻眷屬, 在於惡趣, 未得出離, 無處希望福力救拔, 當告宿世骨肉,使作方便，願離惡道.

普廣，汝以神力，遣是眷屬，令對諸佛菩薩像前，志心自讀此經，或請人讀，其數三遍或七遍. 如是惡道眷屬，經聲畢是遍數，當得解脫，乃至夢寐之中，永不復見.

復次普廣：若未來世，有諸下賤等人，或奴或婢，乃至諸不自由之人，覺知宿業，要懺悔者. 志心瞻禮地藏菩薩形像，乃至一七日中，念菩薩名，可滿萬遍. 如是等人，盡此報後，千萬生中，常生尊貴，更不經三惡道苦.

復次普廣：若未來世中，閻浮提內，刹利 婆羅門 長者 居士 一切人等，及異姓種族，有新産者，或男或女，七日之中，早與讀誦此不可思議經典，更爲念菩薩名，可滿萬遍．是新生子，或男或女，宿有殃報，便得解脫，安樂易養，壽命增長．若是承福生者，轉增安樂，及與壽命．

復次普廣：若未來世衆生，於月一日 八日 十四日 十五日 十八日 二十三 二十四 二十八 二十九日 乃至三十日，是諸日等，諸罪結集，定其輕重．南閻浮提衆生，擧止動念，無不是業，無不是罪，何況恣情殺害 竊盜 邪婬 妄語 百千罪狀．能於是十齋日，對佛菩薩諸賢聖像前，讀是經一遍，東西南北百由旬內，無諸災難．

當此居家，若長若幼，現在未來百千歲中，

永離惡趣. 能於十齋日每轉一遍, 現世令此居家無諸橫病, 衣食豊溢. 是故普廣, 當知地藏菩薩有如是等不可說百千萬億大威神力, 利益之事.

閻浮衆生, 於此大士有大因緣. 是諸衆生, 聞菩薩名, 見菩薩像, 乃至聞是經三字五字, 或一偈一句者, 現在殊妙安樂, 未來之世, 百千萬生, 常得端正, 生尊貴家.

爾時普廣菩薩聞佛如來稱揚讚歎地藏菩薩已, 胡跪合掌復白佛言: 世尊, 我久知是大士有如此不可思議神力, 及大誓願力, 爲未來衆生遣知利益, 故問如來, 唯然頂受.

世尊, 當何名此經, 使我云何流布?

佛告普廣: 此經有三名: 一名地藏本願, 亦名地藏本行, 亦名地藏本誓力經. 緣此菩薩, 久遠劫來, 發大重願, 利益衆生, 是故汝等, 依願流布. 普廣聞已, 合掌恭敬作禮而退.

利益存亡品第七

爾時地藏菩薩摩訶薩白佛言: 世尊, 我觀是閻浮衆生, 擧心動念, 無非是罪. 脫獲善利, 多退初心. 若遇惡緣, 念念增益. 是等輩人, 如履泥塗, 負於重石, 漸困漸重, 足步深邃. 若得遇知識, 替與減負, 或全與負. 是知識有大力故, 復相扶助, 勸令牢腳. 若達平地，須省惡路，無再經歷.

世尊，習惡衆生，從纖毫間，便至無量.是諸衆生有如此習，臨命終時，父母眷屬，宜爲設福，以資前路.或懸旛蓋及燃油燈.或轉讀尊經 或供養佛像及諸聖像，乃至念佛菩薩，及辟支佛名字，一名一號，歷臨終人耳根，或聞在本識.是諸衆生所造惡業，計其感果，必墮惡趣，緣是眷屬爲臨終人修此聖因，如是衆罪，悉皆消滅.

若能更爲身死之後， 七七日內， 廣造衆善.能使是諸衆生永離惡趣，得生人天，受勝妙樂，現在眷屬，利益無量.

是故我今對佛世尊， 及天龍八部人非人等，勸於閻浮提衆生臨終之日，愼勿殺害，及造惡緣，拜祭鬼神，求諸魍魎.

何以故？ 爾所殺害乃至拜祭，無纖毫之力，利益亡人，但結罪緣，轉增深重．假使來世或現在生，得獲聖分，生人天中．緣是臨終被諸眷屬造是惡因，亦令是命終人殃累對辯，晚生善處．何況臨命終人，在生未曾有少善根，各據本業，自受惡趣，何忍眷屬更爲增業.

譬如有人從遠地來，絶糧三日，所負擔物，强過百斤，忽遇鄰人，更附少物，以是之故，轉復困重.

世尊，我觀閻浮衆生，但能於諸佛敎中，乃

至善事，一毛一渧，一沙一塵，如是利益，悉皆自得.

說是語時，會中有一長者，名曰大辯，是長者久證無生，化度十方，現長者身，合掌恭敬，問地藏菩薩言：大士，是南閻浮提衆生，命終之後，小大眷屬，爲修功德，乃至設齋，造衆善因，是命終人，得大利益及解脫不?

地藏答言：長者，我今爲未來現在一切衆生，承佛威力，略說是事. 長者，未來現在諸衆生等，臨命終日，得聞一佛名 一菩薩名 一辟支佛名，不問有罪無罪，悉得解脫. 若有男子女人，在生不修善因多造衆罪. 命終之後，眷屬小大，爲造福利一切聖事，七分之中而乃獲一，六分功德，生者自利．以是之故，未來現在善男女等，聞健自修，分分己獲．無常大鬼，不期而到，冥冥遊神，未知罪福．七七日內，如癡如聾，或在諸司辯論業果．審定之後，據業受生．未測之間，千萬愁苦，何況墮於諸惡趣等．

是命終人，未得受生，在七七日內，念念之間，望諸骨肉眷屬，與造福力救拔．過是日後，隨業受報．若是罪人，動經千百歲中，無解脫日．若是五無間罪，墮大地獄，千劫萬劫，永受衆苦．

復次長者：如是罪業衆生，命終之後，眷屬骨肉，爲修營齋，資助業道未齋食竟，及營齋之次，米泔菜葉，不棄於地，乃至諸食未獻佛僧，勿得先食．如有違食，及不精勤，是命終人，了不得力．如精勤護淨奉獻佛僧，是命終人，七分獲一．是故長者，閻浮衆生，若能爲其父母乃至眷屬，命終之後，設齋供養，志心勤懇．如是之人，存亡獲利．說是語時，忉利天宮，有千萬億那由他閻浮鬼神，悉發無量菩提之心，大辯長者作禮而退．

閻羅王衆讚歎品第八

爾時鐵圍山內，有無量鬼王，與閻羅天子，俱詣忉利，來到佛所．所謂：惡毒鬼王 多

惡鬼王 大諍鬼王 白虎鬼王 血虎鬼王 赤虎鬼王 散殃鬼王 飛身鬼王 電光鬼王 狼牙鬼王 千眼鬼王 噉獸鬼王 負石鬼王 主耗鬼王 主禍鬼王 主食鬼王 主財鬼王 主畜鬼王 主禽鬼王 主獸鬼王 主魅鬼王 主產鬼王 主命鬼王 主疾鬼王 主險鬼王 三目鬼王 四目鬼王 五目鬼王 祁利失王 大祁利失王 祁利叉王 大祁利叉王 阿那吒王 大阿那吒王 如是等大鬼王, 各各與百千諸小鬼王, 盡居閻浮提, 各有所執, 各有所主. 是諸鬼王與閻羅天子, 承佛威神, 及地藏菩薩摩訶薩力, 俱詣忉利, 在一面立.

爾時閻羅天子, 胡跪合掌白佛言: 世尊, 我等今者與諸鬼王，承佛威神，及地藏菩薩摩訶薩力，方得詣此忉利大會，亦是我等獲善利故．我今有小疑事，敢問世尊．唯願世尊慈悲宣說．

佛告閻羅天子：恣汝所問，吾爲汝說．

是時閻羅天子瞻禮世尊，及迴視地藏菩薩，而白佛言：世尊，我觀地藏菩薩在六道中，百千方便而度罪苦衆生，不辭疲倦，是大菩薩有如是不可思議神通之事．然諸衆生獲脫罪報，未久之間，又墮惡道．世尊，是地藏菩薩既有如是不可思議神力，云何衆生而不依止善道，永取解脫？唯願世尊爲我解說．

佛告閻羅天子：南閻浮提衆生，其性剛强，

難調難伏. 是大菩薩, 於百千劫, 頭頭救拔如是衆生, 早令解脫. 是罪報人乃至墮大惡趣, 菩薩以方便力, 拔出根本業緣, 而遣悟宿世之事. 自是閻浮提衆生結惡習重, 旋出旋入, 勞斯菩薩久經劫數而作度脫.

譬如有人迷失本家, 誤入險道, 其險道中, 多諸夜叉 及虎狼獅子 蚖蛇蝮蠍. 如是迷人, 在險道中, 須臾之間, 卽遭諸毒. 有一知識, 多解大術, 善禁是毒, 乃及夜叉諸惡毒等. 忽逢迷人欲進險道, 而語之言: 咄哉男子, 爲何事故而入此路, 有何異術, 能制諸毒. 是迷路人忽聞是語, 方知險道, 卽便退步, 求出此路. 是善知識, 提攜接手, 引出險道，免諸惡毒.

至於好道，令得安樂．而語之言：咄哉迷人，自今已後，勿履是道．此路入者，卒難得出，復損性命．是迷路人亦生感重．臨別之時，知識又言：若見親知及諸路人，若男若女，言於此路多諸毒惡，喪失性命．無令是衆自取其死.

是故地藏菩薩俱大慈悲，救拔罪苦衆生，生人天中，令受妙樂．是諸罪衆，知業道苦，脫得出離，永不再歷．如迷路人，誤入險道，遇善知識引接令出，永不復入．逢見他人，復勸莫入．自言因是迷故，得解脫竟，更不復入．若再履踐，猶 尙迷誤，不覺舊曾所落險道，或致失命．如墮惡趣，地藏菩薩方便力故，使令解脫，生人天中．旋又再入，若業結重，永處地獄，無解脫時．

爾時惡毒鬼王合掌恭敬白佛言：世尊，我等諸鬼王，其數無量，在閻浮提，或利益人，或損害人，各各不同．然是業報，使我眷屬遊行世界，多惡少善．過人家庭，或城邑聚落，莊園房舍．或有男子女人，修毛髮善事，乃至懸一旛一蓋，少香少華，供養佛像及菩薩像．或轉讀尊經，燒香供養一句一偈．我等鬼王敬禮是人，如過去現在未來諸佛．敕諸小鬼，各有大力，及土地分，使令衛護，不令惡事橫事　惡病橫病，乃至不如意事，近於此舍等處，何況入門.

佛讚鬼王：善哉，善哉！汝等及與閻羅，能如是擁護善男女等，吾亦告梵王帝釋，令衛護汝.

說是語時，會中有一鬼王，名曰主命．白佛言：世尊，我本業緣，主閻浮人命，生時死時，我皆主之．在我本願，甚欲利益．自是衆生不會我意，致令生死俱不得安．何以故．是閻浮提人初生之時，不問男女，或欲生時，但作善事，增益宅舍，自令土地無量歡喜，擁護子母，得大安樂，利益眷屬．或已生下，慎勿殺害，取諸鮮味供給產母，及廣聚眷屬，飲酒食肉，歌樂絃管，能令子母不得安樂.

何以故. 是産難時, 有無數惡鬼及魍魎精魅, 欲食腥血. 是我早令舍宅土地靈祇. 荷護子母, 使令安樂, 而得利益. 如是之人, 見安樂故, 便合設福, 答諸土地. 翻爲殺害, 聚集眷屬. 以是之故, 犯殃自受, 子母俱損. 又閻浮提臨命終人, 不問善惡, 我欲令是命終之人, 不落惡道. 何況自修善根增我力故. 是閻浮提行善之人, 臨命終時, 亦有百千惡道鬼神, 或變作父母, 乃至諸眷屬, 引接亡人, 令落惡道. 何況本造惡者.

世尊, 如是閻浮提男子女人臨命終時, 神識惛昧, 不辨善惡, 乃至眼耳更無見聞. 是諸眷屬，當須設大供養，轉讀尊經，念佛菩薩名號．如是善緣，能令亡者離諸惡道，諸魔鬼神悉皆退散．

世尊，一切衆生臨命終時，若得聞一佛名，一菩薩名，或大乘經典，一句一偈．我觀如是輩人，除五無間殺害之罪，小小惡業，合墮惡趣者，尋卽解脫．

佛告主命鬼王：汝大慈故，能發如是大願，於生死中，護諸衆生．若未來世中，有男子女人至生死時，汝莫退是願，總令解脫，永得安樂．

鬼王白佛言：願不有慮．我畢是形，念念擁護閻浮衆生，生時死時，俱得安樂．但願諸衆生於生死時，信受我語，無不解脫，獲大利益.

爾時佛告地藏菩薩：是大鬼王主命者，已曾經百千生，作大鬼王，於生死中，擁護衆生.是大士慈悲願故，現大鬼身，實非鬼也.卻後過一百七十劫，當得成佛，號曰無相如來，劫名安樂，世界名淨住，其佛壽命不可計劫.地藏，是大鬼王，其事如是不可思議，所度人天亦不可限量.

稱佛名號品第九

爾時地藏菩薩摩訶薩白佛言：世尊，我今爲

未來衆生演利益事， 於生死中， 得大利益，
唯願世尊聽我說之.

佛告地藏菩薩：汝今欲興慈悲，救拔一切罪苦六道衆生，演不思議事，今正是時，唯當速說．吾卽涅槃，使汝早畢是願，吾亦無憂現在未來一切衆生.

地藏菩薩白佛言：世尊，過去無量阿僧祇劫，有佛出世，號無邊身如來．若有男子女人聞是佛名，暫生恭敬，卽得超越四十劫生死重罪．何況塑畫形像，供養讚歎，其人獲福無量無邊.

又於過去恆河沙劫， 有佛出世， 號寶性如來．若有男子女人聞是佛名，一彈指頃，發

心歸依，是人於無上道永不退轉.

又於過去有佛出世，號波頭摩勝如來. 若有男子 女人，聞是佛名，歷於耳根，是人當得千返生於六欲天中，何況志心稱念.

又於過去，不可說不可說阿僧祇劫，有佛出世，號師子吼如來. 若有男子女人聞是佛名，一念歸依，是人得遇無量諸佛摩頂授記.

又於過去有佛出世，號拘留孫佛. 若有男子女人，聞是佛名，志心瞻禮或復讚歎，是人於賢劫千佛會中，爲大梵王，得授上記.

又於過去有佛出世，號毘婆尸佛. 若有男子女人聞是佛名，永不墮惡道，常生人天，受勝妙樂.

又於過去無量無數恆河沙劫，有佛出世，號寶勝如來．若有男子女人聞是佛名，畢竟不墮惡道，常在天上受勝妙樂．

又於過去有佛出世，號寶相如來．若有男子女人聞是佛名，生恭敬心，是人不久得阿羅漢果．

又於過去無量阿僧祇劫，有佛出世，號袈裟幢如來．若有男子女人聞是佛名者，超一百大劫生死之罪．

又於過去有佛出世，號大通山王如來．若有男子女人聞是佛名者，是人得遇恆河沙佛廣爲說法，必成菩提．

又於過去有淨月佛 山王佛 智勝佛 淨名王

佛 智成就佛 無上佛 妙聲佛 滿月佛 月面佛有如是等不可說佛. 世尊, 現在未來一切衆生, 若天若人, 若男若女, 但念得一佛名號, 功德無量, 何況多名.

是衆生等, 生時死時, 自得大利, 終不墮惡道. 若有臨命終人, 家中眷屬, 乃至一人, 爲是病人高聲念一佛名, 是命終人, 除五無間罪, 餘業報等悉得銷滅. 是五無間罪, 雖至極重, 動經億劫, 了不得出, 承斯臨命終時, 他人爲其稱念佛名, 於是罪中, 亦漸銷滅. 何況衆生自稱自念, 獲福無量, 滅無量罪.

校量布施功德緣品第十

爾時地藏菩薩摩訶薩，承佛威神，從座而起，胡跪合掌白佛言：世尊，我觀業道衆生，校量布施，有輕有重，有一生受福，有十生受福，有百生千生受大福利者．是事云何，唯願世尊爲我說之．

爾時佛告地藏菩薩：吾今於忉利天宮一切衆會，說閻浮提布施較量功德輕重，汝當諦聽，吾爲汝說．

地藏白佛言：我疑是事，願樂欲聞．

佛告地藏菩薩：南閻浮提，有諸國王 宰輔

大臣 大長者 大刹利 大婆羅門等，若遇最下貧窮，乃至癃殘瘖啞，聾癡無目，如是種種不完具者．是大國王等欲布施時，若能具大慈悲下心含笑，親手遍布施，或使人施，軟言慰喻，是國王等所獲福利，如布施百恆河沙佛功德之利．何以故．緣是國王等，於是最貧賤輩及不完具者，發大慈心，是故福利有如此報．百千生中，常得七寶具足，何況衣食受用．

復次地藏：若未來世，有諸國王，至婆羅門等，遇佛塔寺，或佛形像，乃至菩薩聲聞辟支佛像，躬自營辦供養布施．是國王等，當得三劫爲帝釋身，受勝妙樂．若能以此布施福利，迴向法界，是大國王等，於十劫中，常爲大梵天王．

復次地藏：若未來世，有諸國王，至婆羅門等，遇先佛塔廟，或至經像，毀壞破落，乃能發心修補．是國王等，或自營辦，或勸他人，乃至百千人等布施結緣．是國王等，百千生中常爲轉輪王身．如是他人同布施者，百千生中常爲小國王身．更能於塔廟前，發迴向心．如是國王乃及諸人，盡成佛道，以此果報無量無邊．

復次地藏：未來世中，有諸國王及婆羅門等，見諸老病及生産婦女，若一念間，具大慈心，布施醫藥飲食臥具，使令安樂．如是福利最不思議, 一百劫中常爲淨居天主, 二百劫中常爲六欲天主, 畢竟成佛, 永不墮惡道, 乃至百千生中, 耳不聞苦聲.

復次地藏: 若未來世中, 有諸國王及婆羅門等, 能作如是布施, 獲福無量. 更能迴向, 不問多少, 畢竟成佛, 何況帝釋梵轉輪之報. 是故地藏, 普勸衆生當如是學.

復次地藏: 未來世中, 若善男子善女人, 於佛法中, 種少善根, 毛髮沙塵等許, 所受福利, 不可爲喻.

復次地藏: 未來世中, 若有善男子善女人, 遇佛形像 菩薩形像 辟支佛形像 轉輪王形像, 布施供養得無量福, 常在人天受勝妙樂.

若能迴向法界，是人福利不可爲喻.

復次地藏：未來世中，若有善男子善女人，遇大乘經典，或聽聞一偈一句，發殷重心，讚歎恭敬，布施供養. 是人獲大果報，無量無邊. 若能迴向法界，其福不可爲喻.

復次地藏：若未來世中，有善男子善女人，遇佛塔寺，大乘經典. 新者布施供養，瞻禮讚歎，恭敬合掌. 若遇故者，或毁壞者，修補營理，或獨發心，或勸多人同共發心. 如是等輩，三十生中常爲諸小國王，檀越之人，常爲輪王，還以善法敎化諸小國王.

復次地藏：未來世中，若有善男子善女人，於佛法中所種善根，或布施供養，或修補塔寺，或裝理經典，乃至一毛一塵，一沙一渧．如是善事，但能迴向法界，是人功德，百千生中受上妙樂．如但迴向自家眷屬，或自身利益，如是之果，卽三生受樂，捨一得萬報．是故地藏，布施因緣，其事如是．

地神護法品第十一

爾時堅牢地神白佛言：世尊，我從昔來瞻視頂禮無量菩薩摩訶薩，皆是大不可思議神通智慧，廣度衆生．是地藏菩薩摩訶薩，於諸菩薩誓願深重，世尊，是地藏菩薩於閻浮提有大因緣．如文殊 普賢 觀音 彌勒，亦化百千身形，度於六道，其願 尙有畢竟. 是地藏菩薩敎化六道一切衆生，所發誓願劫數，如千百億恆河沙.

世尊，我觀未來及現在衆生，於所住處，於南方淸潔之地，以土石竹木作其龕室，是中能塑畫，乃至金銀銅鐵，作地藏形像，燒香供養，瞻禮讚歎. 是人居處，卽得十種利益. 何等爲十:

一者 土地豊壤；二者 家宅永安；三者 先亡生天；四者 現存益壽；五者 所求遂意；六者 無水火災；七者 虛耗辟除；八者 杜絶惡夢；九者 出入神護；十者 多遇聖因.

世尊，未來世中，及現在衆生，若能於所住

處方面，作如是供養，得如是利益．

復白佛言：世尊，未來世中，若有善男子善女人，於所住處，有此經典及菩薩像，是人更能轉讀經典，供養菩薩．我常日夜以本神力，衛護是人，乃至水火盜賊，大橫小橫，一切惡事，悉皆消滅．

佛告堅牢地神：汝大神力，諸神少及．何以故？閻浮土地，悉蒙汝護，乃至草木沙石，稻麻竹葦，穀米寶貝，從地而有，皆因汝力．又常稱揚地藏菩薩利益之事．汝之功德，及以神通，百千倍於常分地神．若未來世中，有善男子善女人，供養菩薩，及轉讀是經，但依地藏本願經一事修行者．汝以本神力而擁護之，勿令一切災害及不如意事，輒聞於耳，何況令受．非但汝獨護是人故，亦有釋梵眷屬，諸天眷屬，擁護是人．何故得如是聖賢擁護，皆由瞻禮地藏形像，及轉讀是本願經故，自然畢竟出離苦海，證涅槃樂．以是之故，得大擁護．

見聞利益品第十二

爾時世尊，從頂門上，放百千萬億大毫相光，所謂：白毫相光 大白毫相光 瑞毫相光 大瑞毫相光 玉毫相光 大玉毫相光 紫毫相光 大紫毫相光 青毫相光 大青毫相光 碧毫相

光 大碧毫相光 紅毫相光 大紅毫相光 綠毫相光 大綠毫相光 金毫相光 大金毫相光 慶雲毫相光 大慶雲毫相光 千輪毫光 大千輪毫光 寶輪毫光 大寶輪毫光 日輪毫光 大日輪毫光 月輪毫光 大月輪毫光 宮殿毫光 大宮殿毫光 海雲毫光 大海雲毫光.

於頂門上放如是等毫相光已, 出微妙音, 告諸大衆, 天龍八部 人非人等: 聽吾今日於忉利天宮, 稱揚讚歎地藏菩薩於人天中, 利益等事 不思議事 超聖因事 證十地事 畢竟不退阿耨多羅三藐三菩提事.

說是語時, 會中有一菩薩摩訶薩, 名觀世音, 從座而起, 胡跪合掌白佛言: 世尊, 是地藏菩薩摩訶薩具大慈悲，憐愍罪苦衆生，於千萬億世界，化千萬億身．所有功德及不思議威神之力．我聞世尊，與十方無量諸佛，異口同音，讚歎地藏菩薩云：正使過去現在未來諸佛，說其功德，猶不能盡．向者，又蒙世尊，普告大衆：欲稱揚地藏利益等事．唯願世尊，爲現在未來一切衆生，稱揚地藏不思議事，令天龍八部，瞻禮獲福．

佛告觀世音菩薩：　汝於娑婆世界有大因緣．若天若龍　若男若女　若神若鬼　乃至六道罪苦衆生，聞汝名者　見汝形者　恋慕汝者　讚歎汝者．是諸衆生，於無上道，必不退轉．常生人天，具受妙樂．因果將熟，遇佛受記．

汝今具大慈悲，憐愍衆生，及天龍八部，聽吾宣說地藏菩薩不思議利益之事．汝當諦聽，吾今說之．

觀世音言：唯然，世尊，願樂欲聞!

佛告觀世音菩薩：未來現在諸世界中，有天人受天福盡，有五衰相現，或有墮於惡道之者．如是天人，若男若女，當現相時，或見地藏菩薩形像 或聞地藏菩薩名，一瞻一禮．是諸天人，轉增天福，受大快樂，永不墮三惡道報．何況見聞菩薩，以諸香華 衣服 飮食 寶貝 瓔珞，布施供養，所獲功德福利，無量無邊．

復次觀世音：若未來現在諸世界中，六道衆

生臨命終時，得聞地藏菩薩名，一聲歷耳根者．是諸衆生，永不歷三惡道苦．何況臨命終時，父母眷屬，將是命終人舍宅 財物 寶貝 衣服，塑畫地藏形像．或使病人未終之時，眼耳見聞，知道眷屬將舍宅 寶貝等爲其自身塑畫地藏菩薩形像．是人若是業報合受重病者，承斯功德，尋卽除愈，壽命增益．是人若是業報命盡，應有一切罪障業障，合墮惡趣者．承斯功德，命終之後，卽生人天，受勝妙樂，一切罪障，皆悉消滅．

復次觀世音菩薩：若未來世，有男子女人，或乳哺時 或三歲 五歲 十歲以下，亡失父母，乃及亡失兄弟姐妹，是人年旣長大，思憶父母及諸眷屬，不知落在何趣　生何世界生何天中？是人若能塑畫地藏菩薩形像，乃至聞名，一瞻一禮，一日至七日，莫退初心，聞名見形，瞻禮供養．是人眷屬，假因業故，墮惡趣者，計當劫數，承斯男女，兄弟姊妹，塑畫地藏形像，瞻禮功德，尋卽解脫，生人天中，受勝妙樂．是人眷屬，如有福力，已生人天，受勝妙樂者，卽承斯功德，轉增聖因，受無量樂．

是人更能三七日中，一心瞻禮地藏形像，念其名字，滿於萬遍．當得菩薩現無邊身，具告是人，眷屬生界．或於夢中，菩薩現大神力，親領是人，於諸世界，見諸眷屬．更能每日念菩薩名千遍，至於千日．是人當得菩薩遣所在土地鬼神，終身衛護，現世衣食豊溢，無諸疾苦．乃至横事不入其門，何況及身．是人畢竟得菩薩摩頂授記．

復次觀世音菩薩：　若未來世有善男子善女人，欲發廣大慈心，救度一切衆生者，欲修無上菩提者，欲出離三界者．是諸人等，見地藏形像，及聞名者，至心歸依，或以香華衣服　寶貝　飲食，供養瞻禮．是善男女等，所願速成，永無障礙．

復次觀世音：若未來世，有善男子善女人，欲求現在未來百千萬億等願，　百千萬億等事．但當歸依瞻禮　供養讚歎，地藏菩薩形像. 如是所願所求, 悉皆成就. 復願地藏菩薩具大慈悲, 永擁護我. 是人於睡夢中, 卽得菩薩摩頂授記.

復次觀世音菩薩: 若未來世, 善男子善女人, 於大乘經典, 深生珍重, 發不思議心, 欲讀欲誦. 縱遇明師敎視令熟, 旋得旋忘, 動經年月, 不能讀誦. 是善男子等, 有宿業障, 未得消除, 故於大乘經典, 無讀誦性. 如是之人, 聞地藏菩薩名 見地藏菩薩像, 具以本心恭敬陳白, 更以香華 衣服 飮食 一切玩具, 供養菩薩. 以淨水一盞, 經一日一夜安菩薩前, 然後合掌請服, 回首向南. 臨入口時, 至心鄭重, 服水旣畢, 愼五辛酒肉,邪婬妄語，及諸殺害，一七日或三七日．是善男子善女人，於睡夢中，具見地藏菩薩現無邊身，於是人處，授灌頂水．其人夢覺，卽獲聰明，應是經典，一歷耳根，卽當永記，更不忘失一句一偈．

復次觀世音菩薩：若未來世，有諸人等，衣食不足，求者乖願 或多病疾 或多凶衰 家宅不安 眷屬分散 或諸横事，多來忤身，睡夢之間，多有驚怖．如是人等，聞地藏名見地藏形，至心恭敬，念滿萬遍．是諸不如意事，漸漸消滅，卽得安樂 衣食豊益，乃至於睡夢中，悉皆安樂．

復次觀世音菩薩：若未來世，有善男子善女

人, 或因治生 或因公私 或因生死 或因急事, 入山林中 過渡河海 乃及大水 或經險道. 是人先當念地藏菩薩名萬遍, 所過土地, 鬼神衛護, 行住坐臥, 永保安樂. 乃至逢於虎狼師子, 一切毒害, 不能損之.

佛告觀世音菩薩: 是地藏菩薩, 於閻浮提有大因緣, 若說於諸衆生見聞利益等事, 百千劫中, 說不能盡. 是故觀世音, 汝以神力流布是經, 令娑婆世界衆生, 百千萬劫永受安樂.

爾時世尊, 而說偈言:

吾觀地藏威神力, 恆河沙劫說難盡, 見聞瞻禮一念間, 利益人天無量事.

若男若女若龍神，報盡應當墮惡道，至心歸依大士身，壽命轉增除罪障.

少失父母恩愛者，未知魂神在何趣，兄弟姊妹及諸親，生長以來皆不識.

或塑或畫大士身，悲戀瞻禮不暫捨，三七日中念其名，菩薩當現無邊體，

示其眷屬所生界，縱墮惡趣尋出離. 若能不退是初心，卽獲摩頂受聖記.

欲修無上菩提者，乃至出離三界苦. 是人旣發大悲心，先當瞻禮大士像，

一切諸願速成就，永無業障能遮止. 有人發心念經典，欲度群迷超彼岸，

雖立是願不思議，旋讀旋忘多廢失，斯人有

業障惑故，於大乘經不能記.

供養地藏以香華，衣服飮食諸玩具，以淨水

安大士前，一日一夜求服之，

發殷重心愼五辛，酒肉邪婬及妄語，三七日

內勿殺害，至心思念大士名，

卽於夢中見無邊，覺來便得利根耳，應是經

教歷耳聞，千萬生中永不忘.

以是大士不思議，能使斯人獲此慧. 貧窮衆

生及疾病，家宅凶衰眷屬離.

睡夢之中悉不安，求者乖違無稱遂. 至心瞻

禮地藏像，一切惡事皆消滅.

至於夢中盡得安，衣食豊饒神鬼護. 欲入山

林及渡海，毒惡禽獸及惡人，

惡神惡鬼幷惡風，一切諸難諸苦惱．但當瞻禮及供養，地藏菩薩大士像，

如是山林大海中，應是諸惡皆消滅．觀音至心聽吾說，地藏無盡不思議，

百千萬劫說不周，廣宣大士如是力．地藏名字人若聞，乃至見像瞻禮者，

香華衣服飮食奉，供養百千受妙樂．若能以此迴法界，畢竟成佛超生死．

是故觀音汝當知，普告恆沙諸國土．

囑累人天品第十三

爾時世尊擧金色臂，　又摩地藏菩薩摩訶薩

頂, 而作是言: 地藏地藏, 汝之神力不可思議 汝之慈悲不可思議 汝之智慧不可思議 汝之辯才不可思議, 正使十方諸佛, 讚歎宣說汝之不思議事, 千萬劫中, 不能得盡.

地藏地藏, 記吾今日在忉利天中, 於百千萬億不可說, 不可說, 一切諸佛菩薩, 天龍八部, 大會之中, 再以人天諸衆生等, 未出三界, 在火宅中者, 付囑於汝. 無令是諸衆生, 墮惡趣中, 一日一夜, 何況更落五無間, 及阿鼻地獄, 動經千萬億劫, 無有出期.

地藏, 是南閻浮提衆生, 志性無定, 習惡者多. 縱發善心, 須臾卽退. 若遇惡緣, 念念增長. 以是之故, 吾分是形, 百千億化度,隨其根性而度脫之.

地藏, 吾今殷勤, 以天人衆, 付囑於汝. 未來之世, 若有天人, 及善男子善女人, 於佛法中, 種少善根, 一毛一塵, 一沙一渧, 汝以道力, 擁護是人, 漸修無上, 勿令退失.

復次地藏, 未來世中, 若天若人, 隨業報應, 落在惡趣. 臨墮趣中, 或至門首, 是諸衆生, 若能念得一佛名, 一菩薩名, 一句一偈大乘經典. 是諸衆生, 汝以神力, 方便救拔, 於是人所, 現無邊身, 爲碎地獄, 遣令生天, 受勝妙樂.

爾時世尊, 而說偈言:

現在未來天人衆, 吾今慇懃付囑汝, 以大神通方便度，勿令墮在諸惡趣.

爾時地藏菩薩摩訶薩，胡跪合掌白佛言：世尊，唯願世尊不以爲慮. 未來世中，若有善男子善女人，於佛法中，一念恭敬，我亦百千方便，度脫是人，於生死中速得解脫. 何況聞諸善事，念念修行，自然於無上道永不退轉.

說是語時，會中有一菩薩，名虛空藏，白佛言：世尊，我自至忉利，聞於如來讚歎地藏菩薩，威神勢力，不可思議. 未來世中，若有善男子善女人，乃及一切天龍，聞此經典及地藏名字，或瞻禮形像，得幾種福利？唯願世尊，爲未來現在一切衆等，略而說之.

佛告虛空藏菩薩: 諦聽諦聽! 吾當爲汝分別說之. 若未來世, 有善男子善女人, 見地藏形像, 及聞此經, 乃至讀誦, 香華飮食, 衣服珍寶, 布施供養, 讚歎瞻禮, 得二十八種利益: 一者 天龍護念, 二者 善果日增, 三者 集聖上因, 四者 菩提不退, 五者 衣食豊足, 六者 疾疫不臨, 七者 離水火災, 八者 無盜賊厄, 九者 人見欽敬, 十者 神鬼助持, 十一者 女轉男身, 十二者 爲王臣女, 十三者 端正相好, 十四者 多生天上. 十五者 或爲帝王, 十六者 宿智命通, 十七者 有求皆從, 十八者 眷屬歡樂, 十九者 諸橫消滅, 二十者 業道永除, 二十一者 去處盡通, 二十二者 夜夢安樂, 二十三者 先亡離苦, 二十四者 宿福受生, 二十五者 諸聖讚歎, 二十六者 聰明利根, 二十七者 饒慈愍心, 二十八者 畢竟成佛.

復次虛空藏菩薩: 若現在未來, 天龍鬼神, 聞地藏名, 禮地藏形, 或聞地藏本願事行, 讚歎瞻禮, 得七種利益:

一者 速超聖地, 二者 惡業消滅, 三者 諸佛護臨, 四者 菩提不退, 五者 增長本力, 六者 宿命皆通, 七者 畢竟成佛.

爾時, 十方一切諸來, 不可說不可說諸佛如來, 及大菩薩天龍八部, 聞釋迦牟尼佛, 稱揚讚歎地藏菩薩, 大威神力, 不可思議, 歎未曾有.

是時, 忉利天, 雨無量香華, 天衣珠瓔, 供養釋迦牟尼佛, 及地藏菩薩已, 一切衆會, 俱復瞻禮, 合掌而退.

回向偈

願以此功德　　莊嚴佛淨土
上報四重恩　　下濟三塗苦
若有見聞者　　悉發菩提心
盡此一報身　　同生極樂國

사불

사불

사불

사불

사불

회향 축원문

사경을 다 마친 다음에도 그 공덕을 회향하는 축원을 세 번 하여야 한다.

이 지장보살의 명호를 사경하는 공덕이

______ (본관) ____씨 집안 선망조상과

유주무주 영가의 천도,

그리고 법계 일체 중생의 행복에 회향하옵니다.

그리고 저희가 지은 모든 업장이 소멸되고,

위없는 깨달음을 이루어지게 하여 주시옵소서.

이 지장보살의 명호를 사경하는 공덕이

_______ (본관) _____씨 집안 선망조상과

유주무주 영가의 천도,

그리고 법계 일체 중생의 행복에 회향하옵니다.

그리고 저희가 지은 모든 업장이 소멸되고,

위없는 깨달음을 이루어지게 하여 주시옵소서.

이 지장보살의 명호를 사경하는 공덕이

_______ (본관) _____씨 집안 선망조상과

유주무주 영가의 천도,

그리고 법계 일체 중생의 행복에 회향하옵니다.

그리고 저희가 지은 모든 업장이 소멸되고,

위없는 깨달음을 이루어지게 하여 주시옵소서.

《지장보살본원경》을 읽거나 사경을 하기가 힘든 분은 「츰부다라니」를 5번 읽는다.

츰부다라니

츰부츰부 츰츰부 아가셔츰부 바결랍츰부 알벌람츰부비러츰부 발절랍츰부 아루가츰부 답뭐츰부 살담뭐츰부살더알허뭐츰부 비바루가찰뷔츰부 우뷔셤뭐츰부내여나츰부 뷀랄여삼므지랄나츰부 찰라츰부 비실바리여츰부서살더랄바츰부 비여자수재맘 히리 담미섬미 잡결랍시 잡결랍뭐스리 치리 시리 결랄뷔뷀러 발랄지 히리 벌랄비 뷀랄저러니달리헐랄달니 붜러 져져져져 히리미리 이결타 탑기 탑규루 탈리 탈리미리 뭐대 더, 대구리 구리 미리 잉규지더비 얼리 기리 붜러 기리규차섬뭐리 징기 둔기 둔규리 후루 후루 후루 규루술두미리 미리기미리대 뷘자더 허러히리 후루 후루루

나무 남방화주 대원본존

지장보살 지장보살 지장보살 ………… (시간에 따라 계속)

【지장보살멸정업진언】

『옴 바라 마리다니 사바하』

『옴 바라 마리다니 사바하』

『옴 바라 마리다니 사바하』

지장대성위신력　항하사겁설란진

견문첨례일념간　이익인천무량사

고아일심 귀명정례

◎ 첨부다라니 독송의 공덕

이 진언은 죄업을 참회하면서 외우며, 신무일체 병고액난의 소멸과 무병장수, 소원성취 및 사업, 학업성취, 기억력 증대, 번뇌 망상을 종식시키고, 오염된 세상을 청정케 하며, 전쟁과 다툼을 없애고, 세상을 풍요롭게 하며, 나아가 선정과 방편을 길러 바른 길로 안내하여 결국 불법을 깨우쳐 정각을 이루도록 한다.

널리 자금을 낸 사람이나 수지하고 유통시킨 사람을 위해

회향하는 게

普爲出資及受持轉流通者回向偈曰

원컨대 이 공덕으로 전생과 현생의 업이 다 소멸되고,

모든 복과 지혜가 증장되고 수승한 선근을 원만하게 이루며,

願以此功德　消除宿現業　增長諸福慧　圓成勝善根

모든 도병겁과 기근 등이 다 남김없이 소멸되고,

사람들마다 각자 예의와 양보를 닦으며,

所有刀兵劫　及與饑饉等　悉皆盡滅除　人各習禮讓

자금을 낸 사람이나 유통시킨 사람들의 현생의 권속이 모두 다

남김없이 편안하고 즐거우며, 선망 조상들은 극락왕생을 이루고,

一切出資者　展轉流通者　現眷咸安樂　先亡獲超昇

비바람이 항상 순조로우며, 사람들이 모두 건강하고,

법계의 모든 중생들이 함께 위없는 도를 증득하길 바라나이다.

風雨常調順　人民悉康寧　法界諸含識　同證無上道

〈부록〉

지장신앙과 《지장경》 사경

1. 지장보살의 형태

일찍부터 지장보살에 대한 신앙이 성행하여 대표적인 불교신앙 중의 하나로 정착되었다. 지장보살은 죄고罪苦에 빠진 모든 중생을 구원하기 전에는 자신의 성불을 미루겠다는 대원을 세우고, 천상에서 지옥에 이르는 육도六道의 중생을 낱낱이 교화시켜 성불하도록 인도하는 대자대비大慈大悲의 보살이다. 따라서 지장보살은 육도윤회를 심판하는 저승세계의 구세주로 등장하게 되었고, 조상의 천도를 위한 도량으로 이용되고 있는 명부전冥府殿의 주존으로 널리 신앙하고 있다.

이 지장보살의 형상은 원래는 천관을 쓰고 가사를 입었으며, 왼손에는 연꽃을, 오른손은 시무외인施無畏印을 짓고 있는 형상이었다. 또, 왼손에 연꽃을 쥐고 오른손에 보주寶珠를 든 모습으로 묘사되기도 하였다. 이것이 원래의 정형적인 모습이다. 그러나 우리나라에서는 석장錫杖을 짚고 있는 모습으로 많이 묘사되는데, 이는 『연명지장경延命地藏經』에 근거를 둔 모습이다.

이 경우 지장보살은 삭발한 머리에 석장을 짚고 여의주를 들고 있는 모습으로 묘사된다. 이 지장보살은 때때로 육지장六地藏의 존재로 분류되기도 한다. 이는 지옥·아귀·축생·아수라·인간·천상의 육도를 거두어 교화한다는 경전의 말씀을 근거로 모시고 공양하는 6체體의 지장으로, 명칭은 일정하지 않다.

태장계만다라胎藏界曼茶羅에서는 지장·보처寶處·보수寶手·지지持地·보인수寶印手·견고堅固 보살로 묘사되고, 『연화삼매경蓮花三昧經』에서는 광미光味·모니牟尼·제룡諸龍·구승救勝·호찬護讚·불휴식不休息으로, 『시왕경十王經』에는 예천하豫天賀·방광왕放光王·금강당金剛幢·금강비金剛悲·금강보金剛寶·금강원金剛願 등으로, 『현종기』에서는 단타檀陀·보주 · 보인寶印 · 지지 · 제개장除蓋藏 · 일광日光 등으로 표현된다.

우리나라에서는 이와 같은 육지장설보다는 6도 전체가 삼계三界라고 보고 그 삼계를 각각 통괄하는 천장天藏 · 지지持地 · 지장地藏의 삼장보살三藏菩薩로써 지장신앙을 확산시켜 갔다. 이것은 조선 중기에 널리 성행하였으며, 이 때 지장은 신중神衆의 기능까지 도맡게 된다. 특히 선운사에서는 관음전 · 도솔암 도솔천내원궁 · 참당암 약사전에 각각 지장보살을 봉안하고 있어, 지장 삼장三藏을 탱화가 아닌 불상으로 모시고 있는 유일한 사찰이다. 이는 성종 때의 중창이 왕실의 원찰願刹로 이루어졌기 때문에 선왕先王의 명복을 비는 뜻에서 먼저 지장을 모시고, 이에서 나아가 삼장을 모심으로써 이곳을 지장신앙의 중심지로 삼고자 했던 것으로 보인다.

또한 지장보살과 관련된 각종 영험담이 이어지고 있어, 우리나라 제일의 지장기도 도량으로서 사시사철 기도하러 오는 이들의 발길이 끊이지 않고 있다. 관음전에 봉안된 지장보살상(보물 제279호)과 관련된 대표적인 영험담은, 일제강점기에 도난을 당하였다가 다시 선운사로 돌아오게 된 일이다[1].

지장 삼장은 하늘 · 땅 · 지하 삼계三界를 제도하는 천장보살天藏菩薩 · 지지보살地持菩薩 · 지장보살地藏菩薩을 말한다. 삼장 중 천장보살은 상계 교주上界教主이고 지지보살은 음부교주陰府 教主이다. 그리고 지장보살은 유명계 교주幽冥界教主로서 천상과 지상과 지하의 삼계 교주로 신앙되고 있다.

이는 석가모니부처님을 법신 · 보신 · 화신의 삼신불 또는 과거 · 현재 · 미래의 삼세불로 확대시켜 나간 것처럼 지옥계의 주존主尊인 지장보살을 확대시킨 것으로 여겨진다.

---

1) 1936년 당시 일본인 2명과 우리나라 사람 1명이 공모하여 보살상을 훔쳐간 뒤, 거금을 받고 팔아넘겨 일본으로 건너가게 되었다. 그런데 이때부터 지장보살상이 소장자의 꿈에 수시로 나타나서 "나는 본래 전라도 고창 도솔산에 있었으니, 어서 그곳으로 돌려보내 달라" 고 하였다. 소장자는 이를 대수롭지 않게 여겼는데, 이후로 병이 들고 가세(家勢)가 점점 기울게 되자 꺼림칙한 마음에 보살상을 다른 이에게 넘겨 버렸다. 그러나 이번에도 마찬가지로 지장보살이 소장자의 꿈에 나타났고, 이를 무시하여 집안에 우환이 끊이지 않게 되자 그 역시 다시 다른 이에게 넘기게 되었다. 그 후 여러 사람의 손을 거치면서 이 보살상을 소장한 사람들이 겪은 일들이 널리 알려지게 되었으며, 마지막으로 소장하게 된 사람이 이러한 사실을 고창경찰서에 신고하여 모셔갈 것을 부탁하기에 이르렀다. 그리하여 당시 선운사 스님들과 경찰들이 일본 히로시마로 가서 보살상을 모셔오게 되었는데, 이때가 도난당한 지 2년여 만인 1938년 11월이었다. 당시 잃어버린 보살상을 다시 모시고 온 사실을 기념하기 위해 찍은 사진에도 사건에 대한 이러한 개요가 간략하게 기록되어 있다.

2. 지장보살의 임무

지장보살은 산스크리트어로 쿠시티가르바의 역어이다. 육도 및 오탁악세를 선택해서 구제활동에 임하거나 미륵의 출현까지 활약한다. '내 이름을 부르는 사람을 고통에서 구한다' 라는 서약을 하고 범천·야차·염라 등 여러 가지 모습을 하고 중생을 유도한다.

《지장보살보원경》에 의하면 과거에 두 왕이 있었는데, 한 왕은 자신이 먼저 깨달아서 중생을 구하려고 생각하고, 또 다른 왕은 중생을 먼저 깨닫게 한 후에 자신도 깨닫고자 생각하였다. 전자는 일체지성취여래이고 후자는 지장보살이다. 지장이라는 의미는 대지의 자궁이며, 대지는 비록 알몸이라도 많은 것을 낳는 힘을 감추고 있듯이 현재는 보살이라도 불佛이 될 풍부한 가능성을 갖추고 있다는 것을 상징한다. 따라서 사문의 모습으로 표현된다.

경전에 나타난 지장보살의 특징으로 첫째, 성불을 포기한 보살이다. 지장보살은 죄고罪苦에 빠진 육도 중생을 모두 제도·해탈케 하지 못하면 자신은 끝내 성불하지 않겠다는 서원을 세웠다. 이처럼 지장보살은 중생제도의 큰 원을 세우고 자신의 성불을 유보한 보살이다. 그런데 현실적으로 보면 미혹한 중생은 끊이지 않고 계속된다고 보면 지장보살은 그의 서원으로 말미암아 사실상 성불을 포기한 것이나 다름없다. 따라서 그를 대비천제 혹은 천제闡提보살이라 부르기도 한다.

둘째는 부처 없는 시대의 구세주이다. 지장보살은 '부처 없는 시대' 의 구세주이다. 석존이 입멸한 후 미륵보살이 출현할 때까지의 56억 7천만년 사이 즉 이 세상에 부처가 없는 시대를 말한다.

셋째는 업을 소멸시키는 보살이다. 지장보살은 숙업宿業에 의하여 육도를 윤회하며, 삼악도에 빠져 죄고를 받는 중생의 구제자이다.

이 세상의 모든 중생의 운명은 업에 의하여 이미 결정되어 있다는 것이 불교의 업보業報사상이다. 따라서 누구든지 업보에 의해서 결정지어진 죄고는 피할 수 없다는 것이다.

넷째는 몸을 나투는 보살이다. 지장보살은 육도에 윤회하는 중생을 성숙시키고 구제하기 이하여 중생의 근기에 알맞게 몸을 나툰다. 《지장십륜경》 제1권에 대범왕과 세계를 주재하는 신인 대자재천의 몸으로부터 비롯하여 염마왕의 몸, 지옥졸의 몸에 이르기까지 여러 가지 모습으로 몸을 나투어 설법하고 있다.

3. 지장신앙의 실천법

지장경전인 《점찰경》에 나타나는 지장신앙의 실천방법을 살펴보면 다음과 같다.

첫째는 명호 부르기이다. 지장신앙의 요체가 지장보살의 서원이라는 것은 두 말할 필요가 없다. 불자가 지장보살의 서원을 믿음으로 해서 비로소 그 신앙이 성립되는 것이다. 이러한 믿음에 의해 불자들은 자력보다는 지장보살이 애초에 발원한 서원의 힘에 의지하여 해탈을 열망하게 된다. 이와 같이 지장보살의 본원력에 의지하는 대표적인 신앙활동이 바로 지장보살의 이름 부르기, 참으로 지장보살의 구제력의 탁월함은 그 이름에 있다고 하겠다.

일반적으로 명호 부르기는 불보살의 가피를 입는 방법이다. 남녀노소 지위고하와 수행력의 차이를 초월하여 한 마음으로 '지장보살마하살'의 이름을 부르는 중생은 누구나 악도에 떨어지지 않고 제도 해탈을 얻게 된다는 것은 나날의 고통에서 헤어나지 못하는 중생에게는 감로수와 같은 것이다.

둘째는 참회이다. 말세의 경전인 지장경전은 참회를 강조한다.

참회는 중생이 삼업三業의 업보로 인해 해탈에 장애가 되므로 이를 청정하게 하기 위한 방편이 곧 참회이다. 해탈을 증득하기 위하여 선정과 지혜를 얻어야 함을 역설하며, 그 선행조건이 참회임을 분명히 하고 있다. 즉 선정과 지혜의 길에 장애가 되는 악업을 정화하는 참회 없이 해탈증득은 불가능한 것이라는 인식이 분명히 자리하고 있는 것이다.

셋째는 회향이다. 불교의 기본교리의 하나가 업설業說에 토대를 둔 인과응보 사상이다. 선한 행위는 선한 결과를 가져오고 악한 행위는 악한 결과를 가져온다는 것이 인과사상이다.

그렇다면 악업을 지은 인간이 악업의 결과로부터 해방되기 위해서 무엇을 해야 하는가? 그것은 스스로 참회하는 일이다. 개인이 현세에서 참회의 기회를 놓치거나 참회가 부족한 상태에서 이 세상을 떠났을 경우는 어떻게 할 것인가? 여기에 그를 대신하여 참회하거나 자신의 공덕을 회향할 수 있다는 사상이 나온 것이다.

바람직한 회향은 자신이 지은 공덕을 일신상의 이익이나 가족 및 권속의 범위를 넘어서서 널리 법계法界에 되돌리는 일迴向이다. 자신이 지은 선근 공덕을 널리 중생에게 베풀어서 함께 해탈을 도모해야 할 것이다.

이에 지장보살은 깊은 수행정진의 결과 자신의 수행공덕을 법계에 회향함으로 뭇 중생이 그의 공덕의 힘을 얻을 수 있게 된 것이라고 하겠다. 비록 자신의 지은 업장과 죄로 인하여 고통의 바다에서 허덕이고 있을 지라도 참회를 통하여 자신의 죄를 멸하는 것만이 아니라 타인의 죄까지도 함께 멸하기를 기원하는 것이 진정한 회향의 정신이라 할 수 있다.

4. 사경의 공덕

사경은 글자 그대로 경문經文을 손으로 직접 필사筆寫하는 것을 말한다. 경전이 문자로 기록되기 전에는 구전口傳으로 암송되었다. 즉 옛날에는 부처님께서 말씀하신 경과 율을 입으로 전했으나, 나중에는 문자로 기록하여 전했다.

따라서 자연적으로 경전을 그대로 옮기는 필사, 즉 사경이 중요한 몫을 차지하게 되었다. 사경의 역사는 부처님의 가르침을 문자로 기록하면서부터 시작되었다고 볼 수 있다. 그만큼 사경의 역사는 오래되었으며, 불교가 각 지역으로 전파되면서 경전의 수지 독송과 연구, 포교를 위해 수많은 사경이 이루어졌다.

근래에는 경전의 보급을 위해서가 아니라 하나의 수행 방법으로 사경이 널리 권장되고 있다. 다시 말해서 오늘날의 사경은 경전을 문자로 기록하여 보존하겠다는 의미보다 자신의 원력과 신심을 사경이라는 방법을 통해 더욱 증진시키고자 하는데 더 큰 의미를 부여하고 있다.

사경을 하면 무엇보다도 먼저 경을 깊이 이해하게 된다. 경을 외우고 이해하는 공덕이 크다는 것은 여러 경전에서 설명하고 있으므로 사경을 통해서 더욱 확고하게 할 수 있다.

또한 사경을 하는 사람이 청정한 마음으로 불경을 옮겨 써서 수지 독송하고 남을 위해 해설하면 자신의 업장을 소멸하며 윤회의 고통에서 벗어날 수 있고, 사경한 불경을 불상과 탑에 봉안하면 부처님의 보호와 위신력으로 일체의 재앙을 소멸하고 현세의 복락을 성취한다.

경전 자체가 부처님의 참 말씀이기 때문에 한자 한 획을 옮겨 쓰는 순간 이미 우리의 온갖 삼재팔난은 쉬어지고 환희의 문인 부처님 세계에 든다. 깨끗하고 맑은 마음으로 부처님의 원음을 옮겨 쓰는 이는 이미 윤회의 고통을 벗어나 있다.

정성을 다해 사경하는 이에게는 불보살님 가피와 위신력이 있어 일체 모든 장애는 사라지고 기쁨이 늘 충만한 삶이 전개될 것이다. 지극 정성으로 기도한 사경을 액자로 모시면 아주 훌륭하다.

실제로 사경을 해보면 다음과 같은 공덕을 얻을 수 있다.

첫째, 심한 번민과 갈등이 가라앉고 편안한 마음을 회복한다.

산란심이 사라지고 마음이 안정된다. 사경은 정신이 통일되지 않으면 불가능하다. 무아無我의 경지에 도달해야만 비로소 훌륭한 사경이 이루어진다. 사경은 한 글자 한 글자에 한 부처님을 조성하는 마음으로 한 점 한 획에 온갖 정성을 다 기울인다. 이러한 과정을 통해 산란했던 마음은 사라지고 마음의 평정을 얻게 된다.

둘째는 심신心身이 정화된다.

사경하는 방법에는 글자 한 자를 쓰고 한 번 절하는 일자일배一字一拜의 사경법이 있으며, 글자 한 자를 쓰고 세 번 절하는 일자삼배一字三拜의 사경법이 있고, 한 줄을 쓴 다음 삼배를 올리는 일행삼배一行三拜의 사경법이 있다. 그만큼 정성을 들여 사경한다는 뜻이다.

이러한 사경을 통해 자신도 모르는 사이 몸과 마음이 정화된다.

셋째, 오랜 병고가 무너지고 심신이 강건해 진다.

넷째, 속세업장이 소멸되고 마음은 기쁨과 환희심으로 충만된다.

다섯째, 소원이 이루어지고 한량없는 부처님의 가피력을 지닌다.

여섯째, 인내력과 정진력이 뛰어나 어려운 일없이 모든 일이 성취된다.

사경의 공덕이 탑을 조성하는 것보다 수승하다. (《도행반야경》〈탑품〉)

경전을 사경, 수지, 해설하면 대원을 성취한다.(《법화경》〈법사공덕품〉)

무수한 세월동안 물질로 보시한 공덕보다 경전을 사경 · 수지 · 독송하여 다른 이를 위해 해설한 공덕이 수승하다. 사경 외에도 불상 및 불화를 조성하거나 불경을 출판할 때에도 여러 가지 공덕을 얻는다.

이에 대해 대만의 인광대사는 아래의 열 가지 공덕을 이야기 하고 있다.

첫째는 종전에 지은 바 가지 가지의 죄악과 과오過誤가 있더라도, 가벼운 사람은 선 자리에서 곧 소멸되고, 무거운 사람은 점차 가벼워진다.[從前所作種種罪過, 輕者立卽消滅, 重者亦得轉輕.]

둘째는 항상 길신吉神이 옹호하므로 일체의 전염병과 수재水災 · 화재火災 · 도적盜賊에게 빼앗기는 일, 흉기에 다치는 일, 감옥에 갇히는 일 등 일체의 재난을 받지 않는다. [常得吉神擁護, 一切瘟疫, 水火, 寇盜, 刀兵, 牢獄之災, 悉皆不受.]

셋째는 오래도록 원한이 맺힌 원수를 대하더라도 감응시켜 법을 이익되게 하고 해탈을 얻게 하므로 원수로부터 보복을 당하는 고통을 영원히 면한다.[常得吉神擁護, 一切瘟疫, 水火, 寇盜, 刀兵, 牢獄之災, 悉皆不受.]

넷째는 야차夜叉와 악한 귀신이 능히 침범치 못하고, 독사와 굶주린 호랑이 등 일체의 짐승들이 해치지 않는다.[夜叉惡鬼, 不能侵犯, 毒蛇餓虎, 不能爲害.]

다섯째는 마음에 안위安慰를 얻고, 날마다 험한 일은 없어지며 밤에는 악몽惡夢을 꾸지 않고, 얼굴색이 빛나고 윤택해지며, 기력氣力이 충만하여 넘치고 하는 일마다 길하고 이롭다.[心得安慰, 日無險事, 夜無惡夢, 顏色光澤, 氣力充盛, 所作吉利.]

여섯째는 지극한 마음으로 불법을 받들므로 비록 구하고 바라는 것이 없으나 자연 의식衣食이 풍족하고, 가정이 화목하며, 복덕과 수명이 길어진다.[至心奉法, 雖無希求, 自然衣食雙足, 家庭和睦, 福壽綿長.]

일곱째는 말하고 행동함에 사람과 하늘이 기뻐하므로 어느 곳에 가더라도 항상 많은 대중이 정성을 기우려 사랑하고 받들며, 공경하고 예배한다.[所言所行, 人天歡喜, 任到何方, 常爲多衆傾誠愛戴, 恭敬禮拜.]

여덟째는 어리석은 사람은 지혜로워지고 병든 사람은 건강하게 되며, 빈곤한 사람은 부자가 되고, 여자의 몸이지만 과보가 다하는 날 문득 남자의 몸으로 바뀐다.[愚者轉智, 病者轉健, 困者轉享, 爲婦女者, 報謝之日, 捷轉男身.]

아홉째는 지옥·아귀·축생과 같은 악도惡道를 길이 여의고, 선도善道에 태어나며, 얼굴의 생김새가 단정하며, 복록福祿이 수승해진다.[永離惡道, 受生善道, 相貌端正, 天資超越, 福祿殊勝.]

열째는 능히 일체 중생을 위하여 선근善根의 종자를 심으며, 중생의 마음으로써 큰 복전福田을 지어서 헤아릴 수 없는 수승한 과보를 얻어 나는 곳마다 항상 부처님을 뵈옵고 법을 얻어들으매 곧바로 삼혜三慧가 크게 열리어 육신통六神通을 증득하고 속히 성불成佛하게 된다.[能爲一切衆生, 種植善根, 以衆生心, 作大福田, 獲無量勝果, 所生之處, 常得見佛聞法, 直至三慧宏開, 六通親證, 速得成佛.]

불상·불화를 조성하거나 혹은 개금改金하고 불경을 출판하면 이와 같은 수승한 공덕이 있다. 그러므로 무릇 오래 살기를 빌거나祝壽, 기쁘고 경사스런 일이 있거나賀喜, 재난을 면하고자 하거나免災, 잘못을 뉘우치거나懺悔, 바라는 바 소원을 기원하거나祈求, 천도재를 지낼 때薦拔之時, 모두 기쁜 마음으로 보시하기를 힘써 행해야 할 것이다.[印造經像, 旣有如此殊勝功德, 故凡遇 ○祝壽 ○賀喜 ○免災 ○懺悔 ○祈求 ○ 薦拔之時, 皆宜歡喜施捨, 努力行之]

이상은《인광법사문초》권4〈불경을 인쇄하고 불상을 조성하는 공덕〉이란 글을 발췌한 내용이다.[以上節錄印光法師文鈔卷四印造經像之功德一文]

天鼓사경시리즈 - 5

업장을 녹여 소원이 성취되는 **지장경 사경**

불기 2554(2010)년 6월 16일 발행
2쇄 발행 2019년 7월 20일

엮은이: 석고(石鼓) 김현남
펴낸곳: **하늘북**
펴낸이: 김현희
등 록: 1999년 11월 11일(등록번호 제3000-2003-138)
주 소: 서울시 서대문구 홍제내2다길 40
전 화: 02-722-2322 팩스: 02-730-2646
e-mail: hanulbook@hanmail.net

ISBN 978-89-90883-55-1 04220 (세트)
ISBN 978-89-90883-56-8 04220